essentials

essentials liefern aktuelles Wissen in konzentrierter Form. Die Essenz dessen, worauf es als „State-of-the-Art" in der gegenwärtigen Fachdiskussion oder in der Praxis ankommt. *essentials* informieren schnell, unkompliziert und verständlich

- als Einführung in ein aktuelles Thema aus Ihrem Fachgebiet
- als Einstieg in ein für Sie noch unbekanntes Themenfeld
- als Einblick, um zum Thema mitreden zu können

Die Bücher in elektronischer und gedruckter Form bringen das Expertenwissen von Springer-Fachautoren kompakt zur Darstellung. Sie sind besonders für die Nutzung als eBook auf Tablet-PCs, eBook-Readern und Smartphones geeignet. *essentials:* Wissensbausteine aus den Wirtschafts-, Sozial- und Geisteswissenschaften, aus Technik und Naturwissenschaften sowie aus Medizin, Psychologie und Gesundheitsberufen. Von renommierten Autoren aller Springer-Verlagsmarken.

Weitere Bände in der Reihe http://www.springer.com/series/13088

Edy Portmann

Fuzzy Humanist

Trilogie Teil III: Von der Fuzzy-Logik
zum Computing with Words

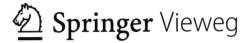

Edy Portmann
Forschungszentrum FMsquare
Universität Fribourg
Fribourg, Schweiz

ISSN 2197-6708   ISSN 2197-6716   (electronic)
essentials
ISBN 978-3-658-26890-9   ISBN 978-3-658-26891-6   (eBook)
https://doi.org/10.1007/978-3-658-26891-6

Die Deutsche Nationalbibliothek verzeichnet diese Publikation in der Deutschen Nationalbiblio-
grafie; detaillierte bibliografische Daten sind im Internet über http://dnb.d-nb.de abrufbar.

Springer Vieweg

Abbildungen und Graphiken von Jvana Manser, Appenzell, Schweiz (www.jvana.ch)

Springer Vieweg ist ein Imprint der eingetragenen Gesellschaft Springer Fachmedien Wiesbaden
GmbH und ist ein Teil von Springer Nature
Die Anschrift der Gesellschaft ist: Abraham-Lincoln-Str. 46, 65189 Wiesbaden, Germany

Was Sie in diesem *essential* finden können

- Ein Plädoyer für eine nachhaltigere und resilientere Gesellschaft, zu der die Automatisierung zwar beiträgt, ohne aber den Menschen dadurch zu verdrängen
- Das auf natürlicher Sprache basierte, holistische Konzept des Fuzzy Humanismus wird vorgestellt
- Einführung in die Grundlagen des Rechnens mit Worten, Phrasen und Propositionen sowie Anwendungsbeispiele dieses Rechnens für die smarte Gesellschaft
- Wie man Maschinen beibringen kann, wie Menschen zu denken

Vorwort

Bereits in den 1920er Jahren dachte der Logiker Jan Łukasiewicz intensiv über Aristoteles Aussagen, wie etwa „morgen wird es regnen", nach. Bis der nächste Morgen tatsächlich kommt, so begann er zu verstehen, sind solche Aussagen weder wahr noch falsch. Daher erweiterte Łukasiewicz Aristoteles Zweiwert- zu einer Dreiwertlogik, die neben ‚Ja' und ‚Nein' auch noch ‚unklar' einbezog.

Ein halbes Jahrhundert später verfeinerte der Elektroingenieur Lotfi Zadeh (1921–2017) an der Universität Berkeley (USA) diese Idee mit seiner Fuzzy-Logik (dt. unscharfe Logik), welche unterschiedliche (linguistische) Wahrheitsgrade wie ‚wahr', ‚ziemlich wahr', ‚weder wahr noch falsch', ‚zum größten Teil unwahr' und ‚überhaupt nicht wahr' miteinbeziehen konnte. Wenn es um vage Begriffe wie Schönheit, Größe oder die Klassifizierung lebender Organismen gehe, „weisen Objektklassen, die in der realen physischen Welt vorkommen, [häufig] keine genau definierten Kriterien für ihre Mitgliedschaft auf" [31]. Einige Objekte können also nicht mit Ja oder Nein klassifiziert werden, sondern existierten irgendwo zwischen einer Mitgliedschaft und Nicht-Mitgliedschaft auf einem Kontinuum von 0 und 1.

Später erweiterte Zadeh seine unscharfe Logik zu einer Mathematik der Sprache, zu ‚Computing with Words' (dt. Rechnen mit Worten). Als sein letzter Postdoktorand am Berkeley Institut für Soft Computing (BISC) durfte ich ihm dabei assistieren. Seine Erweiterung erlaubt, mit Worten, Phrasen, Propositionen, Fragen sowie anderen semantischen Einheiten der natürlichen Sprache zu rechnen und ist deswegen für einen Einsatz im Sinne des Humanismus prädestiniert. Der Ihnen hier vorliegende ‚Teil III – Fuzzy Humanist' einer *essentials*-Trilogie ist meine Adaption zum Thema basierend auf Zadeh [26].

Die in Abb. 1 dargestellten Teile der Trilogie bauen u. a. auf Forschungsresultate des Forschungszentrums FMsquare der Universität Fribourg (Schweiz)

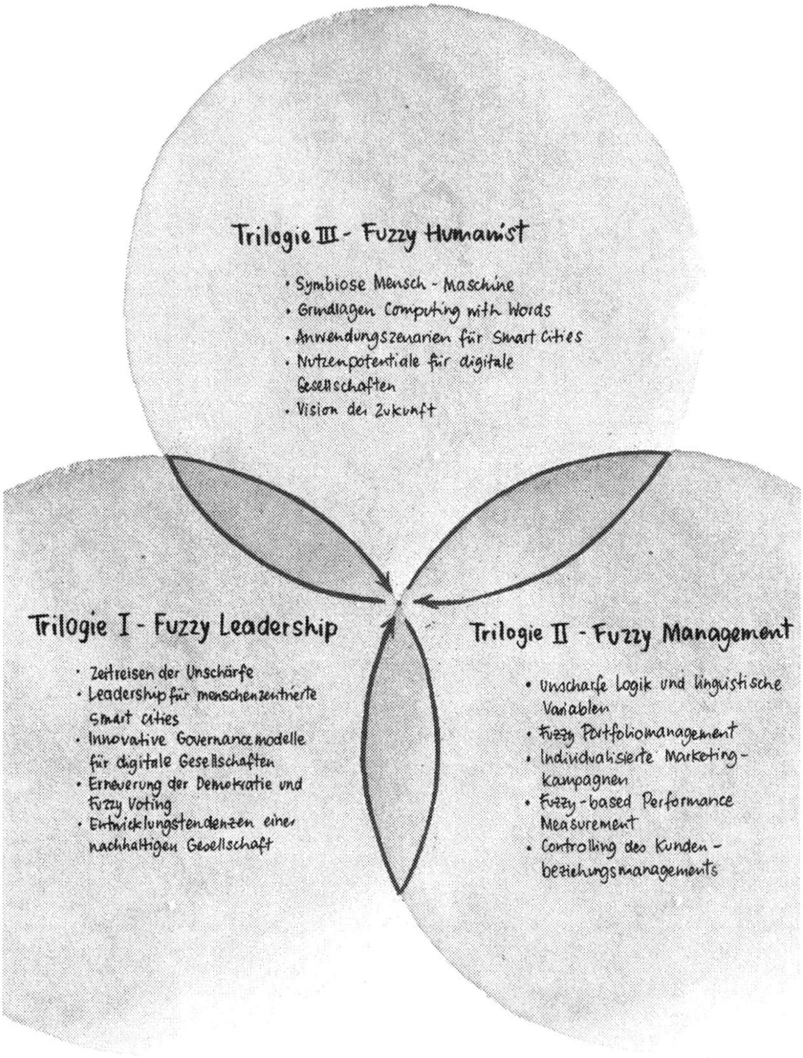

Abb. 1 Übersicht über die Fuzzy-Trilogie

auf, welches ich mit Andreas Meier seit mehr als 10 Jahren vorantreibe. In Teil I – Fuzzy Leadership zeigen wir die Entwicklung von den Wurzeln der Fuzzy-Logik bis hin zur smarten Gesellschaft auf und in Teil II – Fuzzy Management, wie die Fuzzy-Logik auf Unternehmensführungsaufgaben angewandt werden kann.

Als Co-Leiter des Human-IST Instituts der Universität Fribourg, das sich mit einem Humanismus für das Zeitalter künstlicher Intelligenz beschäftigt, hoffe ich, dass Sie mit diesem *essential* (oder besser mit der ganzen Trilogie) die Vorteile der Fuzzy-Logik erkennen und sich zu Nutzen machen können. Ein großes Dankeschön geht an Sabine Kathke vom Springer Vieweg Verlag und an die Illustratorin Jvana Manser[1]. Dieses Buch wäre ohne ihre Unterstützung nicht zustande gekommen. Weiter bedanke ich mich bei meinen Co-Leiter des Human-IST Instituts an der Universität Fribourg, Denis Lalanne, sowie bei den zwei Human-IS-Tinnen (im weiteren Sinne) Astrid Habenstein und Simone Franzelli für ihre Hilfe bei der Übersetzung und beim Schreiben. Zu guter Letzt bedanke ich mich herzlich bei meinen beiden akademischen Lehrern, Andreas Meier und Lotfi Zadeh. Aus Eurer Forschung keimte FMsquare[2] als Herz einer Fuzzy-Philosophie – und dafür danke ich!

im Mai 2019 Edy Portmann

---

[1]http://www.jvana.ch/

[2]Das Forschungszentrum Fuzzy Management Methods der Universität Fribourg (http://fmsquare.org/) wurde vor zehn Jahren gegründet. Aus ihm spross die gleichnamige internationale Forschungsreihe des Springer Verlags (https://www.springer.com/series/11223).

Inhaltsverzeichnis

Wir gehören ins Team Human

Der Informatiker Stuart Russell sowie die Physiker Frank Wilczek, Max Tegmark und der verstorbene Stephen Hawking (1942–2018) sind davon überzeugt: Es ist falsch und gefährlich, die Erschaffung intelligenter Maschinen als bloße Science-Fiction abzutun. In einem Artikel des britischen Independent betonten die Wissenschaftler, dass deren potenzieller Nutzen immens sein könnte, warnen aber auch vor den Gefahren: „Erfolgreich künstliche Intelligenz zu erschaffen, wäre das größte Ereignis der Menschheitsgeschichte. Bedauerlicher Weise könnte es auch das letzte sein, so lange wir nicht lernen, wie man die damit verbundenen Risiken vermeidet" [1].

Was lehrt uns das? Wir stehen heute an einer Wegkreuzung und müssen uns entscheiden, in welche Richtung wir weitergehen wollen. Nehmen wir die erste Abbiegung, folgen wir einem Weg, der uns ermöglichen wird, die Effizienz, Nachhaltigkeit und Resilienz unserer Gesellschaft mit Automatisierung stetig zu steigern. Dies könnte über kurz oder lang dazu führen, dass Technologie und Effizienz zum Selbstzweck werden und die Bedürfnisse und Wünsche des Menschen auf der Strecke bleiben. Um dies zu verhindern, könnten wir den zweiten Weg gehen und versuchen, die Automatisierung zu stoppen. Dieser Weg dürfte ins Leere laufen, denn schon heute sind Technologien und der unverkennbare Nutzen von Effizienz für mehr Nachhaltigkeit und Resilienz in vielen Bereichen nicht mehr wegzudenken. Schließlich können wir uns auch dafür entscheiden, einen dritten Weg zu kreieren. Dieser setzt sowohl auf Effizienz und Automatisierung, als auch auf unsere Vernunft, um eine nachhaltige und resiliente Gesellschaft zu erschaffen, in der wir Menschen im Zentrum stehen und nicht die Technologie, die vielmehr um uns herum gebaut wird.

Im diesem Kapitel plädieren wir für diesen dritten Weg und folgen damit Rushkoff [2], der uns ermuntert, im Team Human zu spielen. Er zeigt uns die

© Springer Fachmedien Wiesbaden GmbH, ein Teil von Springer Nature 2019
E. Portmann, *Fuzzy Humanist,* essentials,
https://doi.org/10.1007/978-3-658-26891-6_1

heutige Dynamik einer antihumanen Maschinerie auf und rät uns als Ausweg, Aspekte unserer Gesellschaft auf eine Weise zu gestalten, die unsere Menschlichkeit fördert. In die gleiche Bresche springt Pinker [3], der Aufklärung, Humanismus und Wissenschaft als menschliche Erfolgsgeschichte versteht, die fortgeführt werden soll. Denn trotz aller Rückschläge, die zweifellos zu beklagen sind, breiten sich Bildung, Demokratie und Menschenrechte weiterhin aus, wird Gewalt, Mord und Totschlag immer mehr verdrängt und Gefahren wie Armut, Bevölkerungswachstum, Welternährungskrise werden zunehmend abgefedert [3]. Deshalb widmen wir uns einem weichen Humanismus, dem menschlichen Team. Auf den Errungenschaften der Aufklärung bauend und einem Fuzzy-Systemdenken folgend, setzen wir sowohl auf Automatisierung, als auch auf den Menschen, um auf der Basis von Effizienz, Nachhaltigkeit und Resilienz eine lebenswerte Zukunft zu bauen.

1.1   Vernunft, Wissenschaft, Humanismus und Fortschritt

Der Begriff Aufklärung bezeichnet ein kulturgeschichtliches Phänomen, das im 18. Jahrhundert ganz Europa erfasste. Im Zentrum stand der Glaube an Vernunft als Prinzip zur Entwicklung und Vervollkommnung des Individuums, der Gesellschaft, des Staates und der Menschheit [4, 5]. Aufklärung wurde als der richtige Gebrauch des Verstandes und der Vernunft begriffen. Auf den Punkt brachte es der Philosoph Immanuel Kant (1724–1804), der verlangte, dass wir es „wagen sollen, weise zu sein". Sein Aufruf „Habe den Mut, dich deines eigenen Verstandes zu bedienen!" wurde zum Leitsatz der Aufklärung, welche mit dem „Ausgang des Menschen aus seiner selbst verschuldeten Unmündigkeit" enden sollte [6].

Bis heute wird die Aufklärung als der wichtigste Leitwert der westlichen Zivilisation gepriesen. Sie wird als „Ursprung und Inbegriff aller emanzipatorischen Errungenschaften der Moderne, als ein Projekt, dessen Vollendung das oberste moralische Postulat jeder modernen Gesellschaft sein müsse", betrachtet [7]. Sie wendet sich dazu gegen Aberglauben und Offenbarung, steht für Freiheit und Gleichheit aller Menschen. Für uns besonders wichtig sind die Impulse, welche die Aufklärung den sich bildenden Wissenschaften mit der Idee vom vernunftgemäßen Wissen als einem empirischen Wissen gegeben hat: Grundlage ist die Vorstellung, dass mittels Vernunft die Wahrheit erkannt werden kann. Dabei sollte das Ziel nicht nur die Theorie, sondern auch Praxis und Nutzen für das individuelle, gesellschaftliche und politische Leben sein [4].

Die Bedeutung der Aufklärung kann kaum überbewertet werden, doch ihr Wahrheits- und Wissenschaftsbegriff stellt uns vor Schwierigkeiten. Das Problem der Wahrheit (verstanden als Übereinstimmung von Verstand mit der Realität und von Aussagen mit Fakten), wie es auch Kant formulierte, besteht in der fehlenden Zugreifbarkeit auf Fakten. In der Wissenschaft scheinen wir zwar oft mit Wahrheit in Berührung zu kommen, aber diese ist nicht so, wie wir sie gerne hätten, da wir keinen direkten Zugang zur Realität haben.

Diese erkenntnistheoretische Diskussion im Spannungsfeld von Rationalismus, Empirismus, Skeptizismus und Idealismus hat eine lange Tradition und beschäftigte auch die Aufklärer stark. So schrieb der Philosoph David Hume (1711–1776): „Die Vernunft ist, und sollte nur der Sklave der Leidenschaften sein, und kann niemals einem anderen Amt vorgeben, als ihnen zu dienen und zu gehorchen" [8]. Dennoch besteht bis heute die Vorstellung, dass Wissenschaft exakt zu sein und auf dieser Basis zu einer wie auch immer gearteten Wahrheit zu gelangen hat, um sich als Wissenschaft zu qualifizieren.

Gerade das Kriterium der Exaktheit ist problematisch, wenn man es auf den Menschen, sein Denken, Fühlen und Handeln und damit zusammenhängend auf das grundlegende Medium seiner Kommunikation (die Sprache) anwendet, mit welcher wir uns in den Folgekapiteln beschäftigen werden. Unbedingte Exaktheit ist Teil der Maschinenwelt. Der Mensch hingegen nähert sich seiner Umwelt eher auf Basis von Approximation und Unschärfe, eher auf einer Skala zwischen wahr und falsch, schwarz und weiß oder Null und Eins als auf der Basis von Exaktheit – und ist damit äußerst erfolgreich.

1.2 Pluralismus als West-Ost-Brücke

Fernöstliche Philosophien erkannten früh die Problematik einer binären Betrachtungsweise. Das Buch der Wandlungen (die Yijing) ist eine der wichtigsten asiatischen Schriften. Gemäß Wilhelm [9] ist fast alles, was in der chinesischen Geschichte an zentralen Gedanken gedacht wurde, entweder durch das Buch angeregt oder hat rückwirkend auf seine Erklärung Einfluss ausgeübt. Man kann deshalb sagen, dass in der Yijing die Weisheit von mehreren Jahrtausenden verarbeitet ist. So ist es kein Wunder, dass die östlichen Philosophien darin ihren Ursprung haben. Ihr Charakteristikum ist die zentrale Betrachtung von Gleichgewicht, Kohärenz und Integration [10]. Die symbiotische Dynamik des Ying-Yang (Abb. 1.1) etwa beschreibt, wie scheinbar gegensätzliche Kräfte in Tat und Wahrheit komplementär, systemisch miteinander verbunden und deshalb voneinander abhängig sind. Sie können sich gegenseitig hervorrufen, weil

Abb. 1.1 Ying-Yang
als Emblem des Fuzzy-
Denkens. (Angelehnt an
[11])

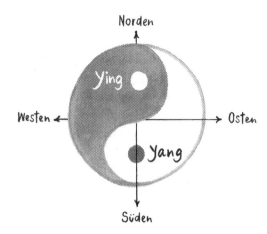

sie miteinander in Beziehung stehen [11]. Dabei spielt auch das Konzept Wu-Wei
(dt. handlungsloses Tun) eine wesentliche Rolle. Es charakterisiert ein ziel-
gerichtetes Handeln im Einklang mit dem Weg (chin. Tao), um in Harmonie zu
leben. Solche Yijing-analoge Konzepte umschreibt etwa Kosko [11] als Kern
eines Fuzzy-Denkens, das mit Unschärfe umzugehen vermag.

Als weitere östliche Lehre sieht der Mittlere Weg vor, Extreme zu meiden. In
der Logik der Catuṣkoṭi, eine Entscheidungsform, die an Gerichtshöfen im frühen Indien zum Einsatz kam, findet man erste Hinweise, wie in ihrem logischen
System mit Unschärfe umgegangen wird. Die Catuṣkoṭi, die auf einem Prinzip
beruht, das im Westen als Tetralemma bezeichnet wird, geht von vier Sätzen aus,
die einem Objekt eine Eigenschaft zusprechen, absprechen, sowohl zu- als auch
absprechen und weder zu-, noch absprechen können (Priest in [12]). Eine Aussage kann in dieser Sichtweise also wahr, falsch, sowohl wahr, als auch falsch
oder weder wahr, noch falsch sein. Einem Richter ermöglichte dies, zwischen der
Position eines Klägers, des Angeklagten, der Position, dass beide recht haben,
und der Position, dass keiner recht hat, zu unterschieden [13].

Eine modernere Perspektive auf Unschärfe im Sinne einer Abwesenheit von
Perfektion bietet Wabi-Sabi, ein japanisches Ästhetikkonzept. Während im
Westen Schönheit häufig mit Perfektion, Symmetrie und idealen Proportio-
nen gleichgesetzt wird, geht Wabi-Sabi von der Schönheit des Unperfekten und
Vergänglichen aus. Es baut darauf, dass nichts perfekt ist (Wie sieht ein voll-
kommener Kreis aus?), dass nichts vollständig ist (Wann ist eine Palme vollständig? Als Samen, Setzling, oder als Baum?), und dass nichts für immer ist

(Wie lange regierten die Römer?). Das Augenmerk liegt damit mehr auf dem Transitorischen, der zeitlichen Bedingtheit von Dingen, als auf ihrem starren, in der Zeit stillstehenden, vermeintlichen Idealzustand. In dieser Sicht sind Dinge schön, denen ihr Alter, ihr Werdegang und damit ihre Individualität angesehen wird, die also nicht perfekt sind. Zentral ist dabei der Gedanke der Nützlichkeit, der auch von Kosko [11] als zentrales Element eines Fuzzy-Denkens hervorgehoben wird. Eine natürliche Ordnung von Dingen akzeptierend, charakterisiert Wabi-Sabi also eine Lebensweise, die nicht perfekt, aber nützlich ist [14].

1.3 Fuzziness als Essenz der Brücke

Heute stehen wir vielfach vor den Herausforderungen einer modulartigen Erkenntnis, die in komplexen Situationen zu Widersprüchen führen kann: Es zeigt sich, dass Erkenntnisse von Theorien oft isoliert auftreten und sich an ihren jeweiligen Systemgrenzen nicht kombinieren lassen. Unsere Theorien geben also nicht eine einzige, sondern viele unscharfe Erkenntnisse wieder [15]. Liedl et al. präsentieren zur Lösung einen freien Pluralismus, welcher davon ausgeht, dass es keine absolute Grundwahrheit gibt, die über den anderen Wahrheiten liegt oder in alle anderen Wahrheiten eingebettet ist [16]. Der freie Pluralismus wird als eine Geisteshaltung definiert, die nicht auf Wahrheit Bezug nimmt: Eine Aussage wird nicht als entweder wahr oder falsch über eine Realität aufgespannt, vielmehr wird jede einzelne Aussage als eine Arbeitshypothese aufgefasst, die zu weiteren Arbeitshypothesen führen kann.

Die Annahmen von Liedl et al. haben viel für sich, umgehen aber die Frage nach der Wahrheit, sodass der Vorwurf der Beliebigkeit im Raum steht. Hier kommt die Fuzzy-Logik mit unscharfen Mengen ins Spiel, die den freien Pluralismus in diesem Punkt erweitern kann. Der Vater dieser Logik ist der Elektroingenieur Lotfi Zadeh (1921–2017). Fuzzy-Logik ist eine Logik mit unendlich vielen Wahrheitswerten, die anders als die zweiwertige Logik Wahrheitswerte zwischen wahr und falsch bzw. zwischen 0 und 1 kennt. Die Grundlage, die ihren Ausgangspunkt in der Beobachtung hat, dass Menschen Entscheidungen auf der Basis von unsicheren bzw. unscharfen Informationen treffen, sind die unscharfen Mengen (engl. fuzzy sets). Anders als in der klassischen Mengenlehre, in der Objekte Elemente einer Menge sind oder nicht sind, bestimmt die Fuzzy-Logik mittels Zugehörigkeitsfunktionen, die jedem Element einen numerischen Wert zwischen 0 und 1 als Zugehörigkeitsgrad zuweisen, den Grad ihrer Zugehörigkeit zu einer Menge.

Um nachzuvollziehen, was das bedeutet, kann sich der Rückgriff auf Ying-Yang, Wu-Wei und Wabi-Sabi als sinnvoll erweisen. Kosko gelangte zu ähnlichen Schlussfolgerungen – alles ist fließend miteinander verbunden, nichts ist perfekt, nichts ist vollständig, nichts ist permanent [11]. Seine Studie zeigt auf, dass Fuzzy-Denken dem Postulat „Wissenschaft zielt auf Wahrheit" nicht ausweicht, aber die Beobachtung berücksichtigt, dass Wahrheit häufig nicht absolut ist. So ist etwa ein Volvo XC90 groß und ein BMW X1 ebenfalls groß, aber der XC90 ist ein Quäntchen größer. Im Fall Volvo ist in der Aussage, dass dieser groß ist, ein Körnchen mehr Wahrheit enthalten als beim BMW, ohne dass die Aussage, der BMW ist groß, darüber falsch würde. Genau das erfasst eine unscharfe Logik, die auch mit vagen Prämissen (wie sprachlicher Ungenauigkeit) umgehen kann, mathematisch präzise [17].

Während Liedl et al. davon ausgehen, dass es viele Theorien zu einer Forschungsfrage gibt und je nach Kontext entschieden werden muss, welche am besten passt [16], gibt es hingegen im Fuzzy-Denken für jeden Kontext viele Theorien. Manchmal ist dabei nahezu eindeutig, welche am besten passt, aber meistens bestehen Überlappungen, sodass mehrere Theorien gleichzeitig geeignet sind, um Antworten auf eine Fragestellung zu finden, allerdings in unterschiedlichem Maße oder für unterschiedliche Aspekte (d. h. sie haben verschiedene Zugehörigkeitsgrade). Die Herausforderungen, die Liedl et al. [16] thematisieren, sind ein wissenschaftstheoretisches Paradoxon, auf das Zadeh mit seinem Prinzip der Inkompatibilität verwies: Mit zunehmender Komplexität nimmt unsere Fähigkeit, präzise und dennoch aussagekräftige Angaben über etwas zu machen, bis zu einer Grenze ab, über die hinaus sich Präzision, Bedeutung sowie Relevanz einander nahezu unversöhnlich gegenüberstehen [18].

Mit Blick auf humanistische Systeme, wie „die Lebenswissenschaften, Sozialwissenschaften, Philosophie, Wirtschaft, Psychologie und viele weitere softe Disziplinen" [19, S. 469], legt Zadeh nahe, für ihre Beschreibung und Erklärung das Moment der Unschärfe mit zu berücksichtigen, „und zwar nicht nur als ein Randphänomen, sondern als erkenntnistheoretisches Charakteristikum der Beobachtung von Komplexität" [20, S. 3]. Zur möglichen Auflösung des Paradoxons skizziert Zadeh eine in der unscharfen Logik verwurzelte Fuzzy-Systemtheorie, die er dadurch begründete, „dass der Unterschied [der unscharfen zur klassischen Systemtheorie] in einem Framework für den Umgang mit einem grundlegenden Aspekt humanistischer Systeme, der omnipräsenten Unschärfe fast aller Phänomene, die mit ihrem äußeren wie auch mit ihrem inneren Verhalten verbunden sind, gesehen werden könne" [21]. Indem Fuzzy-Logik erlaubt, alles als eine ‚Frage des Grades' zu sehen, kann sie in Kombination mit einer systemtheoretischen Denkweise als Fundament des freien Pluralismus und als zeitgemäßen Humanismus gesehen werden.

1.4 Unsere Erweiterung zum Humanismus

Der Begriff Humanismus umschreibt eine Bildungsströmung der Renaissance. Sie entstand im Italien des 14. Jahrhunderts und verbreitete sich bis Mitte des 16. Jahrhunderts in ganz Europa. Das Ziel der Bewegung war die Wiederherstellung der Literatur, Künste und Wissenschaften des Altertums. Sprache, Geschmack, Sitten und Moral der Gegenwart sollten sich auf diese Weise entscheidend verbessern und zu einer neuen kulturellen Blüte führen, die der der Antike gleichkäme. Zentral für die humanistische Bildung war der Erwerb sprachlicher Kompetenz. Die besondere Bedeutung der Sprache ist darauf zurückzuführen, dass die Humanisten sie als Ausdruck der Anlagen eines Menschen betrachteten. Sie gingen von einer Wechselbeziehung zwischen sprachlicher Fähigkeit und Tugend aus, die es ermöglichen sollte, mittels Vervollkommnung der Sprache auch die Tugendhaftigkeit des Menschen zu beeinflussen [22].

Der Begriff selber ist eine deutsche Prägung des 19. Jahrhunderts, die Eingang in die übrigen europäischen Kultursprachen fand. Er ist eng mit einer Bildungsbewegung verknüpft, die sich im deutschsprachigen Raum verbreitete und später als Neuhumanismus bezeichnet wurde. Dieser betrachtete die Antike als Vorbild wahrer Humanität, dessen Sprache, Kultur und Geschichte es zu studieren galt. Mit den Bildungs- und Universitätsreformen wurde der Neuhumanismus über die Grenzen Deutschlands hinaus bis weit in das 20. Jahrhundert für schulische und universitäre Ausbildung maßgebend [23]. Der Neuhumanismus gerät aber ab Mitte des 19. Jahrhunderts zunehmend in die Kritik: Insbesondere die Überhöhung der Antike zum überzeitlichen Vorbild ließ sich nicht halten. Die Naturwissenschaften feierten immer größere Erfolge, sodass sich die auf den alten Sprachen ruhende humanistische Bildung schlechter begründen ließ. Dennoch ging der Begriff nicht vergessen, obschon sich seine Inhalte wandelten.

Nach Baab eint alle neuen Humanismuskonzepte, dass ihr zentraler Wert das Menschheitskollektiv und weniger das Individuum ist [24]. Das Menschheitsideal und die verfolgten Utopien können variieren, jedoch ist allen der Optimismus gemeinsam, dass die Menschheit zu einer besseren Existenzform fähig ist. Die Kritik an sowie die Auflehnung gegen bestehende Verhältnisse ist daher jedem Humanismus immanent. Im Laufe des 20. Jahrhunderts beginnt diese Bedeutung zu verschwimmen, bis der Begriff in die Krise geriet.

Gespeist aus säkularen Bewegungen, die den Begriff für sich vereinnahmten, entstand am Ende der Krise ein neuer, weicher Humanismus, dessen zentraler Wert „der einzelne Mensch innerhalb des Menschheitskollektivs und des Naturkreislaufs [ist]. Ausgehend von einer als defizitär empfundenen Gegenwartssituation wird ein globales Ethos entworfen, durch dessen Etablierung eine

partikuläre Verbesserung dieser Verhältnisse erreicht werden soll" [24, S. 222].
Die Ansätze, was Humanismus konkret bedeutet, sind darin vielfältig. Im Mittel-
punkt steht jedoch das Individuum. Dieser Mensch wird einerseits als soziales
Wesen begriffen, das durch die Beziehung zu anderen Menschen bestimmt ist,
andererseits als biologisches Wesen, das durch sein Verhältnis zur Natur definiert
ist. Auf dieser Grundlage wird ein Ethos entworfen, das nicht mehr darauf zielt,
der vermeintlichen Natur des Menschen zur Geltung zu verhelfen, sondern darauf, das Zusammenspiel von Individuum, Gesellschaft und Natur bestmöglich zu
gestalten [24].

Als Humanist gilt, wer am Wohlergehen seiner Mitmenschen interessiert ist.
Je nach Kontext bedeutet das, Empathie für andere Individuen zu empfinden,
den Menschen als Ganzes im Blick zu haben oder um das Wohl der Menschheit
besorgt zu sein. Humanismus ist gemäß Nida-Rümelin ein Ideal, dass für das
Selbstverständnis Europas eine zentrale Rolle spielt [25]. Aber auch der frühere
US-Präsident Barak Obama würdigte den Humanismus als wesentlichen Geist
der Vereinigten Staaten [3].

1.5   Was ist ein Fuzzy Humanist?

Die Geschichte des Humanismus ist zwar wichtig, doch sollte man darüber nicht
das alltagssprachliche Verständnis des Begriffs außer Acht lassen. Dieser wird
oft als zu unkonkret, wenn nicht inhaltsleer kritisiert [24], ist uns Menschen aber
doch so wichtig, dass wir immer wieder auf ihn als Ideal menschlichen Verhaltens
und Zusammenlebens Bezug nehmen. Kennzeichnend ist eine Vorstellung, die
mehr Gewicht auf den Menschen als auf göttliche oder künstliche Wesen (wie
Roboter oder künstliche Intelligenz) legt. Das bedeutet, dass der Mensch das Zentrum aller Entscheidungen und Entwicklungen sein sollte, die verfolgt werden,
um eine nachhaltigere Gesellschaft zu schaffen.

Zurzeit werden aber vielfach neue technologische Lösungen geschaffen, welche die menschliche Arbeit ersetzen sollen. Wir sind davon überzeugt, dass diese
Entwicklungen mit einer humanistischen Perspektive verknüpft werden sollten. Das bedeutet, dass Technologie unsere individuelle und kollektive menschliche Intelligenz verbessern, menschliche Werte fördern und die Möglichkeiten
der Menschen stärken muss, anstatt sie zu reduzieren. Ein Fuzzy Humanist
wendet dazu die östlichen Philosophien und Perspektiven auf westliche Auf-
klärungs- und Humanismus-Konzepte an. Den mittleren Weg gehend, denkt er
unscharf und handelt so humanistisch (Abb. 1.2). Der Fuzzy Humanist erkennt,
dass verschiedene wissenschaftliche Theorien und Erklärungen (paradoxerweise)

Abb. 1.2 Der Kompass
als Navigationsinstrument
eines Fuzzy Humanisten

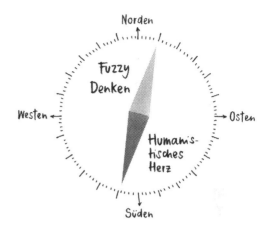

nebeneinander bestehen können. Die Grenzen an den Rändern dieser Theorien
sind verschwommen und gehen ineinander über. Diese Vorstellung, dass alles
dynamisch ist sowie voneinander abhängt (Ying-Yang, Wu-Wei) und dass dabei
alles unvollkommen, unvollständig und vergänglich ist (Wabi-Sabi), ist in den
asiatischen Prinzipien verwurzelt.

Nach Pinker haben wir Menschen über die Zeit ein Gespür für Sprache entwickelt, die es uns erlaubt, unsere Erfahrung und unseren Einfallsreichtum mit
anderen zu teilen [3]. Auch Rushkoff glaubt, dass wir Menschen die am weite-
sten-entwickelte Spezies sind, weil wir dank Sprache und Kommunikation die
effektivste Art der Zusammenarbeit erfunden haben [2]. Der Anwendungsbereich
von Sprache konnte im Verlauf der Zeit um das geschriebene, gedruckte und elektronische Wort erweitert werden. Die Macht der Sprache (als erste Sharing-App)
wurde nach Pinker mit der Erfindung der Schrift und durch den Buchdruck, die
Alphabetisierung und durch die elektronischen Medien erweitert [2]. Neben Sprache identifizieren sowohl Pinker [3] als auch Rushkoff [3] die Technologie als
wichtigste Treiber dieser Kommunikation.

Sprache ist also (immer noch) ein wesentlicher Bestandteil des Humanismus
sowie unseres Fuzzy Humanismus. Wir Menschen kommunizieren immer mehr
technologievermittelt miteinander. Die Technologie, welche uns die Aufklärung
brachte, muss in Zukunft aber fähig werden, die menschliche Sprache (bzw.
deren Semantik) auch wirklich zu verstehen. Erst dadurch kann sie ganz in unsere
(menschzentrierte) Gesellschaft eingebettet werden. Zadeh mahnt uns, dass jeder,
der die Ungenauigkeit unserer Sprache einfach weg kürzt, nichts Relevantes

über die Sprache sagen kann, weil natürliche Sprachen nun einmal ungenau sind [26]. Dem gehen wir in den folgenden Kapiteln rund um Computing with Words (dt. Rechnen mit Worten) auf den Grund. Diese Art des Rechnens kennzeichnet ein System, welches mit Worten, Phrasen, Propositionen, Fragen, Anweisungen sowie anderen semantischen Einheiten der natürlichen Sprache zu rechnen vermag [26].

Fuzzy Logic = Computing with Words

2

In seinem Artikel „Fuzzy Logic = Computing with Words" stellte Zadeh erstmals sein Konzept des Rechnens mit den folgenden Worten vor: „Wie der Name bereits andeutet, ist Computing with Words eine Methodologie, in der Wörter anstelle von Zahlen verwendet werden, um damit zu rechnen und zu denken. Der Punkt dabei ist, dass Fuzzy-Logik eine zentrale Rolle beim Computing with Words spielt und umgekehrt. Deshalb kann die Fuzzy-Logik annähernd mit Computing with Words gleichgesetzt werden" [27, S. 103]. Im Folgenden sollen nun die Grundelemente von Computing with Words erläutert werden. Dazu gehen wir von den folgenden Leitfragen aus: Was bedeutet Rechnen mit Worten? Was ist ein Fuzzy Set? Wie kann man damit rechnen? Wie entwickelt sich das formelle Rechnen mit Worten über die Zeit? Und wie kann man dieses auf ganze Sätze bzw. Texte übertragen?

2.1 Computing with Words bedeutet Rechnen mit Wörtern

Im Unterschied zu Computing with Numbers, unserem herkömmlichen Rechnen mit Zahlen, bei dem Zahlen und Symbole manipuliert werden, charakterisiert Computing with Words ein Rechensystem, bei dem die Objekte der Berechnung natürlichsprachige Wörter, Phrasen und Sätze sind. Die semantischen Informationsträger sind darin Sätze. Computing with Words ist also ein Rechensystem, das die Möglichkeit bietet, mit Informationen, deren Semantik in natürlicher Sprache beschrieben sind, zu rechnen. Ein beispielhafter Vergleich von Computing with Numbers mit Computing with Words ist in Abb. 2.1 dargestellt.

© Springer Fachmedien Wiesbaden GmbH, ein Teil von Springer Nature 2019
E. Portmann, *Fuzzy Humanist,* essentials,
https://doi.org/10.1007/978-3-658-26891-6_2

Abb. 2.1 Computing with Numbers (Rechnen mit Zahlen) vs. Computing with Words (Rechnen mit Worten). (Angelehnt an [26])

In der traditionellen Informatik und der künstlichen Intelligenz-Forschung werden solche natürlichsprachigen Herausforderungen häufig (noch) als außerhalb der Reichweite unserer Mathematik angesehen. Dies muss nicht der Fall sein: Durch den Einsatz von Konzepten und Techniken aus dem Computing with Words kann die traditionelle Mathematik um die Fähigkeit erweitert werden, mathematische Lösungen aus Rechenproblemen zu konstruieren, die in einer natürlichen Sprache formuliert sind. Die Bedeutung dieser Fähigkeit ergibt sich aus der Tatsache, dass ein Großteil unseres menschlichen Wissens und insbes. unseres (in Web- und Datenbanken gespeichertes) Weltwissens, das einem Individuum verfügbare allgemeine Wissen, die Kenntnisse und Erfahrungen über die Welt, in natürlichen Sprachen beschrieben sind (z. B. in Social Media; [15]).

2.2 Von Worten und ihrer unscharfen Bedeutung

Wörter bezeichnen Mengen. Z. B. steht der Begriff Haus für die Gesamtmenge an Häusern, also eine Liste, eine Gruppe oder (An-)Sammlung von Objekten, die wir Menschen als Haus bezeichnen [11, S. 122]. Hierbei hat jeder Mensch in Anbetracht seiner individuellen Erfahrungen mit Häusern eine eigene Vorstellung davon, was ein Haus ist. Jeder Mensch legt eine eigene Wissensstruktur (sog. Ontologie; vgl. [15]) an, die er für seine Bewertung des „Haus-seins" zurate ziehen kann. Unsere Ontologien stimmen laut Rapaport bei vielen Menschen in den meisten Punkten überein, sonst könnten wir uns nicht über unsere Realität austauschen, aber nicht zwangsläufig in allen [28]. Was ist bspw. mit Burgen, Wohnwagen, Zelten, Einfamilienhäusern, Hochhäusern oder Garagen – sind das Häuser?

Die semantische Eigenschaft, ein Haus zu sein, ist „eine Frage des Grades"
[29, S. 350 f.]. Manche Strukturen sind bis zu einem gewissen Grad ein Haus
und ein nicht-Haus resp. mehr ein Haus als kein Haus. Das Wort beschreibt also
eine unscharfe Menge, ein Fuzzy Set an Häusern; es charakterisiert eine Granule
von Häusern [11]. Das funktioniert nicht nur bei Nomen. Fügt man den Worten
Adjektive hinzu, so erhält man immer noch eine Menge an Häusern, allerdings
eine andere. Die Beschreibung „altes Haus" etwa bezeichnet eine Teilmenge von
Haus. Aber wie alt ist alt? Auch dies ist eine Frage des Grades. Denn ganz offen-
sichtlich sind manche Häuser älter als andere, gehören also zu einem stärkeren
Grad zur Menge der alten Häuser als jüngere Häuser (Abb. 2.2).

Was haben diese Beispiele nun mit Computing with Words zu tun? Der Mensch
denkt in unscharfen Mengen, definiert die Grenzen dieser Mengen auf unterschiedliche Weise [15, 28] und assoziiert diese mit unterschiedlich(st)en Konzepten.
Wir gruppieren Objekte in unscharfe Mengen (bzw. Granulen) und suchen nach
Verbindungen und Mustern. Wollen wir synthetische Systeme schaffen, die wie
Menschen agieren, müssen wir ihnen beibringen, analog zu uns Menschen, mit
unscharfen Mengen umzugehen. Hier kommt Fuzzy-Logik ins Spiel, eine scharfe
Logik unscharfer Zugehörigkeiten für die Modellierung von Unsicherheit und Vagheit. Fuzzy-Logik ist Bestandteil verschiedener Schnittstellen, auf deren Grundlage
die Interaktion zwischen Menschen und Maschinen verbessert werden kann [30].
Für Fuzzy-Logik ist charakteristisch, dass in ihr mit unscharfen Mengen Schlüsse
gezogen werden können. Computing with Words ist die auf der Fuzzy-Logik bauende Methode, Maschinen beizubringen, in unscharfen Mengen zu denken.

2.3 Worte, Fuzzy Sets und unscharfe Zugehörigkeitsfunktionen

In seinem mittlerweile weltbekannten Artikel „Fuzzy Sets" verknüpfte Zadeh
das Konzept ‚große Menschen' mit einer Funktion [31]. Darin bestimmte er die
Zugehörigkeit zu einem Fuzzy Set A anhand einer Kurve, die sich genauso ver-
hält wie etwa eine geordnete Liste oder Zugehörigkeitsfunktion. Diese Funktion
(engl. membership function) ist eine Verallgemeinerung der Indikatorfunktion
klassischer Sets; sie repräsentiert den Wahrheitsgrad als Erweiterung unserer
Bewertung. Für jede Höhe gibt sie den Grad der Zugehörigkeit (engl. membership
degree) in der Menge der großen Menschen an. Größe ist dabei eine weiche Funktion, die Wuchs, Gestalt oder Statur eines Menschen beschreibt. Jeder Mensch
ist bis zu einem gewissen Grad groß bzw. nicht-groß. Die nicht-groß-Kurve sieht
daher aus wie das Gegenteil der groß-Kurve, und zeichnet man beide Kurven auf
demselben Graphen, dann schneiden diese sich in der Mitte (Abb. 2.3).

Abb. 2.2 Dem Alter nach geordnete historische Gebäude

Um den Zugehörigkeitsgrad eines Objektes hinsichtlich einer linguistischen Variablen zu einer Menge definieren zu können, wird eine Zugehörigkeitsfunktion μ benötigt. Ein Fuzzy Set A wird dadurch gekennzeichnet, dass eine Zugehörigkeit eines Objektes in X zu A durch eine reelle Zahl im Wertebereich $[0, 1]$ angegeben werden kann. Formal lässt sich das Fuzzy Set A also durch eine Zugehörigkeitsfunktion μ_A beschreiben: $\mu_A : X \rightarrow [0, 1]$.

Ein großer Teil der Aussagekraft unscharfer Funktionen rührt daher, dass sie scharfe Funktionen traditioneller Mengen in bestimmten Fällen zu einfach erscheinen lassen. Dies betrifft v. a. die herkömmliche Stufenfunktionen bzw. deren harten Linien zwischen Zugehörigkeit und nicht-Zugehörigkeit A und $\neg A$. Ab einer gewissen Höhe springen in der klassischen Mengenlehre diese Funktionen von nicht-groß zu groß [32]. Dazu wird eine trennscharfe Linie zwischen groß und nicht-groß gezogen, welche aber nicht zwangsläufig unserer menschlichen Konzeption von Größe entspricht, denn wie die meisten anderen Eigenschaften ist auch diese eine Frage des Grades. Die μ-Funktion der Fuzzy-Logik bildet dies besser ab, indem sie die Veränderung des Konzepts „Größe" weich darstellt, was der menschlichen Vorstellung besser entspricht; eine harte Linie kann das nicht. Das ist der Vorteil der Fuzzy Sets, auf deren Basis Worte mit Funktionen verknüpft und mit Worten gerechnet werden kann [11].

Das Rechnen mit Worten kommt dabei in verschiedenen Komplexitätsstufen daher [26, 33] Diese Stufen beziehen sich auf die jeweilige Schwierigkeit der

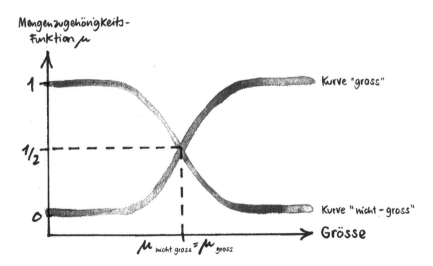

Abb. 2.3 Komplementäre Zugehörigkeitskurven. (Angelehnt an [11])

mathematischen Konstruktion rechnerischer Sprachmodelle. Die zu präzisierenden Objekte der Basisstufe setzen sich aus Wörtern, Phrasen sowie hin und wieder einfachen Sätzen (wie X ist klein, Y ist groß und wenn X klein ist, dann ist Y groß), zusammen. Objekte höherer Komplexitätsstufen, die automatisch mit der Semantik von Texten etwa eines Kapitels oder ganzen Buches rechnen können (vgl. [12]), sind Erweiterungen der Basisstufe. Laut Zadeh bauen diese auf komplex(er)en Aussagen (der Semantik wie „es ist sehr unwahrscheinlich, dass es in naher Zukunft zu einem signifikanten Rückgang des Ölpreises kommen wird"), als die der Basisstufe [26].

Diese komplexeren, höheren Stufen sind aktuell Gegenstand laufender Fuzzy-Forschung rund um Sprache, welche etwa zum Perceptual Computing samt dem charakteristischen Per-C-Modell führten, das mit menschlichen Wahrnehmungen, die in Worten beschrieben werden, zu rechnen vermag [34]. Zadeh meint, dass Rechnen mit Worten eine Grundlage bietet, „für eine rechnergestützte Wahrnehmungstheorie – eine Theorie also, die einen zentralen Einfluss darauf haben kann, wie Menschen – sowie auch Maschinen – wahrnehmungsbasierte rationale Entscheidungen in einem Umfeld von Ungenauigkeit, Unsicherheit und Teilwahrheit treffen können" [35, S. 105 ff.]. Das hier zugrunde liegende Rechnen mit Worten und Wahrnehmungen baut also auf der Fähigkeit unseres Gehirns, Wahrnehmungen zu manipulieren, als einer Kernfunktion menschlicher Erkennungs-, Entscheidungs- und Ausführungsprozesse.

Historisch können die höheren Stufen also als Fortsetzung und Verallgemeinerung der Basisstufe angesehen werden [33]. In den kommenden Jahren dürfte die Bedeutung der höheren Stufen zunehmen [26]. Normalerweise ist nämlich eine höhere Stufe erforderlich, um Lösungen auf in natürlicher Sprache gestellte Rechenprobleme (bspw. eine natürlichsprachige Antwort auf eine Web-Suche; vgl. z. B. [15]) zu finden. Laut Zadeh überwiegt jedoch noch der Einsatz der Basisstufe. Unter diesem Label laufen auch die für Computing with Words zentralen Konzepte Granulation, linguistische Variablen, linguistische Zusammenfassungen und die IF-THEN-Regeln [26].

2.4 Von Fuzzy Sets zu Rechnen mit Worten der Basisstufe

Der Hauptunterschied zwischen Computing with Words und konventionellen Rechensystemen besteht darin, dass ersteres erlaubt, Aussagen in natürlicher Sprache mit zu berücksichtigen, d. h. Bewertung mittels linguistischen Variablen vorzunehmen. Eine solche Variable kennzeichnet einen linguistischen Ausdruck, der Information granular charakterisiert. Z. B. kann die linguistische Variable

„Größe" entlang einer Zugehörigkeitsfunktion mit Ausdrücken resp. linguistischen Termen wie ‚quasi groß', ‚groß' oder ‚sehr groß' gestuft werden. Die Einführung solcher linguistischen Bewertung hat dabei weitreichende Implikationen:

1. Sie verbessern die Fähigkeit unserer Berechnungsmethoden, mit unvollkommenen Informationen umzugehen (d. h. Informationen, die in einem oder mehreren Aspekten ungenau, unsicher, unvollständig, unzuverlässig, vage oder nur teilweise wahr sind). In der Realität sind solche Informationen eher die Regel als die Ausnahme.
2. In Fällen, in denen es eine Toleranz für Ungenauigkeiten gibt, dienen linguistische Bewertungen dazu, die Toleranz für Ungenauigkeiten durch die Verwendung von Wörtern anstelle von Zahlen auszunutzen.
3. Sprachliche Bewertungen sind dem menschlichen Denken näher und erleichtern so den Entwurf von Systemen mit einem hohen Maß an maschineller Intelligenz.

Informationen in linguistischer Form (z. B. Schweizer ist groß) sind im Vergleich zu solchen in numerischer Form (Herr Schweizer ist 185 cm groß) schwieriger zu verarbeiten. Natürliche Sprache kann unpräzise sowie ungenaue Informationen enthalten, da sie auf (ungenauer) menschlicher Wahrnehmung (engl. perception) basiert. Wie wir gezeigt haben, ist das Konzept der Fuzzy Sets Teil einer scharfen Logik unscharfer Zugehörigkeiten, die bei der Modellierung von Unsicherheit und Vagheit zum Einsatz kommt. Ein Element hierfür ist die Granulation, die Zadeh als wesentliche Funktion unserer Kognition betrachtet [35]. Granulation erlaubt es, die Fülle an uns umgebenden Daten zu komprimieren, wodurch diese unserem menschlichen Gehirn zugänglich gemacht werden. Informationsgranulen sind also Sammlungen von Objekten, die ihren Ursprung auf numerischer Datenebene haben und vom menschlichen Gehirn aufgrund von Ähnlichkeit, funktionaler oder physikalischer Nähe, Ununterscheidbarkeit, Kohärenz etc. zu Granulen zusammengeführt werden.

Worte sind eine Form von Granulation. Die Berücksichtigung von Wörtern in der Kommunikation von Menschen und Maschinen ist daher wünschenswert [30]. Dazu müssen Maschinen lernen, die Semantik unserer (unscharfen) Wörter zu verstehen. Wenn wir etwa wollen, dass künftige Maschinen unsere natürlichsprachigen Fragen (z. B. bei einer Web-Suche; Kap. 4) automatisch erfassen und natürlichsprachig beantworten können, dann muss bei ihrer Konstruktion mindestens die erste Stufe des Rechnens mit Worten berücksichtigt werden (Abschn. 2.3). Bislang erlaubt keine andere mathematische Theorie, Maschinen die unscharfe Bedeutung (resp. Semantik) der Klasse „große Menschen" näherzubringen.

Anhand dieses Größen-Beispiels zeigt uns Zadeh, wie auf der Basis von Fuzzy Sets mit Worten gerechnet werden kann [31]. Man kann alle gewünschten Modifikatoren vor groß stellen. Sehr groß schrumpft die Kurve, mehr oder weniger groß erhöht sie. Zadeh erkannte, dass die Funktion *A* zu 100 % eine Untermenge von *B* ist, wenn *A* nie über der Funktion *B* liegt, da sehr groß nie groß übersteigt. Abb. 2.4 verdeutlicht beispielhaft die Graduierung der großen Menschen. In den Abbildungen äußert sich die semantische Unschärfe der Größe durch die Fuzziness ihrer Semantik (vgl. dazu die sich im mittleren Teil von ‚quasi groß' bis zu ‚sehr groß' ausweitende Größe-Kurve). Diese sich ausweitende Kurve kann man sich dazu als Typ-2-Fuzzy-Set vorstellen. Dieser höhere Typ unscharfer Mengen charakterisiert verallgemeinerte Fuzzy Sets (sie verdeutlichen also eine Unschärfe der Unschärfe einer dritten Dimension; vgl. [37] oder [38]), um mit noch mehr Unsicherheit in der menschlichen Sprache umgehen zu können (Worte bedeuten nämlich verschiedene Dinge für verschiedene Menschen; vgl. [10]).

Worte sind weniger präzise als Zahlen, aber eine Präzisierung (z. B. für exaktes Schlussfolgern traditioneller künstlicher Intelligenzen) ist häufig zeit- und

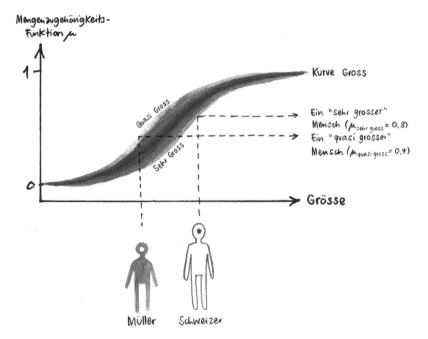

Abb. 2.4 Graduationsstufen großer Menschen. (Angelehnt an [11])

ressourcenaufwendig. Trotzdem werden Zahlen in der heutigen Intelligenz-Forschung respektiert, Worte aber (noch) nicht oder nur wenig. Allerdings gibt es gute Gründe, für einen zweckmäßigen Einsatz von Worten [26]:

- Wir sollten diese einsetzen, wenn Merkmale nicht numerisch vorliegen, sondern qualitative beschreiben resp. die zugrunde liegenden Zahlen nicht bekannt oder zu aufwendig in der Beschaffung sind. Hier stellt sich der Einsatz von Worten als notwendig heraus.
- Weiter können Worte ausreichend sein, wenn wir bei der Erstellung intelligenter Maschinen auf deren preiswerte Gestaltung sowie deren Einfachheit abzielen. Exakte Zahlen sind hier zwar oft bekannt, aber es gibt eine Toleranz für Ungenauigkeit, die ausgenutzt werden kann, indem man Worte verwendet. Dahin gehend ist der Einsatz von Wörtern von Vorteil.
- Zu guter Letzt können Worte als linguistische Zusammenfassung (vgl. [40]) eingesetzt werden, um numerische Informationen zu subsumieren (vgl. [32]). An dieser Stelle ist der Einsatz von Wörtern schlichtweg sinnvoll.

Viele heutige Anwendungen basieren auf der zweiten und dritten Begründung, wobei die linguistische Zusammenfassung eine Schlüsselrolle spielt. Ein Beispiel: Intelligenz, Körpergröße und Sozialkompetenz – all ihre Werte sind meistens normalverteilt. Dies bedeutet, dass die meisten Menschen durchschnittlich groß sind und nur wenige sehr groß bzw. sehr klein sind. Laut der Statistik des sozio-ökonomischen Panels liegt bspw. der Erwartungswert der Durchschnittsgröße deutscher Männer bei ungefähr 180 cm und die Standardabweichung bei ungefähr 5 cm. Diese Normalverteilung ist die Ausgangslage für die linguistische Zusammenfassung von Abb. 2.5. Wir können die Verteilungsfunktion $f(x)$ mittels Granulation in Informationsgranulen (von klein, mittel und groß) einteilen und erhalten eine (approximative) Funktion $^*f(x)$, welche wir natürlichsprachig zu Granulen zusammenfassen können.

Granulation kann als eine Art Zoomen verstanden werden, um überflüssige Genauigkeit auszublenden. Auch unser menschliches Gehirn setzt diese Technik ein, sodass es nicht (nur) mit exakten Maßen, sondern eben (auch) mit unseren ungefähren Wahrnehmungen zu arbeiten vermag. Granulation erlaubt uns von einer mathematischen Funktion zu einer natürlichsprachigen Zusammenfassung zu gelangen: „Eine kleine Anzahl deutscher Männer ist klein, die größte Anzahl ist mittelmäßig groß und eine kleine Anzahl ist groß". Die in Abb. 2.5 dargestellten linguistischen Variablen und IF-THEN-Regeln sind weit verbreitet, da ihre zugrunde liegende Theorie leicht verständlich und einfach anwendbar ist. Fuzzy Sets charakterisieren dabei die Verben. Im Beispiel werden unscharfe

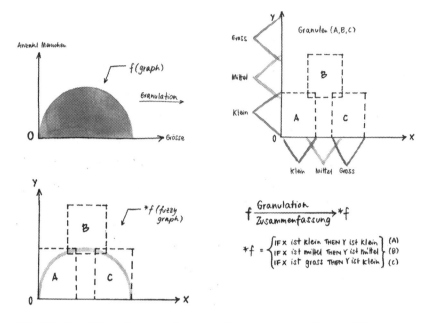

Abb. 2.5 Linguistische Zusammenfassung via Granulation. (Angelehnt an [26])

IF-THEN-Regeln verwendet, um Anweisungen zu formulieren. Eine einzelne
(Fuzzy-)Regel kommt dabei als „IF X ist A THEN Y ist B" daher.

Für die Basisstufe gibt es umfangreiche Literatur sowie ein breites
Anwendungsspektrum [11, 26]. Die höheren Stufen befinden sich aber (noch)
nicht in diesem Stadium [33]. Daher konzentrieren wir uns hier auf eine nächste
Stufe des Rechnens mit Worten, das nicht nur mit einzelnen Worten und Phrasen,
sondern auch mit komplexen Sätzen umgehen kann.

2.5   Wie funktioniert Computing with Words?

Wenn wir Ihnen, liebe Leser, ein Problem des Rechnens mit Worten vorstellen, sind
Sie evtl. unsicher, wie die ungenauen Worte (z. B. die meisten, groß, gewöhnlich
etc.) zu deuten sind. Ist dies der Fall, können Sie uns auffordern, die Bedeutungen
zu präzisieren. Bei der Konstruktion mathematischer Lösungen für solche Probleme wird davon ausgegangen, dass die ungenauen Terme Bezeichnungen von
unscharfen Mengen mit spezifischen Zugehörigkeitsfunktionen sind. Wenn diese

Funktionen nicht angegeben werden, können sie also abgerufen werden. Als Beispiel wird angenommen, dass ein System ähnlich die Zugehörigkeitsfunktion von jung erfragen möchte. Zu diesem Zweck kann das System eine Reihe von Fragen stellen, etwa: Zu welchem Grad passt das Alter u zur Wahrnehmung von jung? (u ist demzufolge ein numerischer Wert des Alters, der mögliche Werte von Alter umfassen kann, z. B. 25). Wie dargestellt baut das System also auf unserer Fähigkeit auf, Wahrnehmungen zu graduieren.

Der Ausgangspunkt in Computing with Words ist also eine Frage q der Form: Was ist der Wert der Variablen Y? Die Antwort auf diese Frage wird aus einer Sammlung von Informationssätzen $I(p_1, \ldots, p_n)$, abgeleitet. Dabei werden möglicherweise einige der Sätze aus natürlicher Sprache übernommen (z. B. aus einer menschlichen Social Media Interaktion). Die Information I ist geschlossen, wenn die Ergänzung von I mit Vorschlägen aus externen Informationsquellen (insb. aus Weltwissen wie Webquellen, Datenbanken etc.) nicht erlaubt ist; andernfalls ist I offen, was beim jeweiligen Informationssatz mit einem $+$ verdeutlicht wird. So ein zusätzlicher Satz (z. B. aus der Quelle des Bundesamts für Statistik) wird als $+p$ bezeichnet. Im Wesentlichen ist I eine Sammlung von fragenrelevanten Antwortsätzen. Die Formulierung besteht aus einer Antwort der Form: Y is $ans(q/I)$. Im Allgemeinen ist $ans(q/I)$ kein Wert von Y, sondern vielmehr eine Restriktion (bzw. ein generalized constraint) aller Werte, welche Y überhaupt annehmen darf [41]. Entsprechend identifiziert $ans(q/I)$ alle Werte von Y, die mit I übereinstimmen.

In Computing with Words wird dazu Konsistenz mit Möglichkeit gleichgesetzt, mit dem Verständnis, dass Möglichkeit eine Frage des Grades ist. Mit der Abb. 2.6 gehen wir der Frage nach, wie alt Frau Müller ist. Um dies zu beantworten, stehen uns folgende unpräzisierte (Roh-)Informationen I (inkl. der Sätze p_1, p_2 und $+p_3$) zur Verfügung:

- p_1: Frau Müller hat einen Sohn in den Mittzwanzigern.
- p_2: Frau Müller hat eine Tochter in den Mittdreißigern.
- $+p_3$ (Weltwissen aus Webbanken, Datenbanken etc.): Gewöhnlich ist eine Mutter bei der Geburt eines Kindes zwischen *20 und *40.[1]

---

[1]Der hier verwendete Asterisk * bedeutet ungefähr; *a bezeichnet also ungefähr a, *20/*40 ungefähr 20 bzw. ungefähr 40.

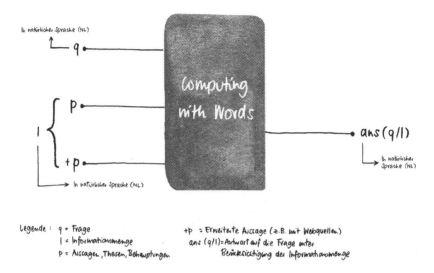

Abb. 2.6 Wie Computing with Words funktioniert. (Angelehnt an [26])

Aus diesen Rohinformationen werden dank partieller Präzisierung (Zadeh verwendet hierzu das Kunstwort precisiation) der Informationsmenge I zu approximativen I^*:

- p_1^*: Alter(Sohn) ist *25
- p_2^*: Alter(Tochter) ist *35
- $+p_3^*$: Alter(Mutter.bei.Geburt) ist gewöhnlich[*20,*40]

Daraus können wir mit Einsatz eines logischen UNDs ($\wedge$) nun eine Antwort auf die Frage q berechnen; $ans(q/I)$: $Alter(Frau.Müller)$ ist:

- (*25 + gewöhnlich[*20,*40]) $\wedge$ (*35 + gewöhnlich[*20,*40]).[2]

In natürlicher Sprache übersetzt heißt dies, dass Frau Müller „zwischen 55 und 75 Jahre alt sein muss". Das über den Daumen gepeilte Minimalalter von 55 Jahren berechnet sich dabei aus dem ungefähren Alters ihrer (älteren) Tochter (*35) sowie dem etwa beim Bundesamt für Statistik ersichtlichen Weltwissen

---

[2]In diesem Beispiel kann nach Zadeh [26] der Einfachheit halber ‚gewöhnlich' als ‚immer' interpretiert werden.

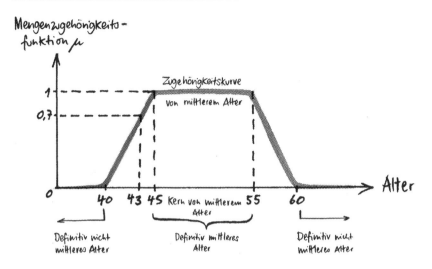

Abb. 2.7 Graduierung des Alters von Frau Müller. (Angelehnt an [26])

über die statistische Altersverteilungen der Gebärfähigkeit von Müttern (also: *35 + *20 = *55 Jahre), das grobe Maximalalter von 65 Jahren aus dem ungefähren Alter ihrer Tochter (*35) sowie Wissen über die Altersverteilungen der Gebärfähigkeit von Müttern (*35 + *40 = *75). Das wahrscheinlichere Alter kommt von der Mitte des durchschnittlichen Alters von Müttern (also zwischen *20 und *40 mit Verwendung einer trapezoiden Zugehörigkeitsfunktion). Abb. 2.7 zeigt eine mögliche Graduierung von Alter. Eine Voraussetzung für die Herleitung resp. Berechnung ist die Präzisierung der Bedeutung bzw. Semantik einer Aussage. Mit roher oder unpräzisierter natürlicher Sprache kann man nicht rechnen [26]. Die Präzisierung der Bedeutung spielt also eine wichtige Rolle beim Rechnen mit Worten. Das Verständnis der Semantik unserer Sprache ist eine Voraussetzung für die Präzisierung ihrer Bedeutung. Beides, die Präzisierung sowie die (Be-)Rechnung, baut auf der Fuzzy-Logik mit unscharfen Mengen sowie auf Granular Computing auf [36]. Darauf wird im Folgenden noch einzugehen sein.

2.6   Lessons Learned

Das Rechnen mit Worten öffnet uns die Tür zur Konstruktion mathematischer Lösungen von Rechenproblemen, welche in natürlicher Sprache formuliert sind. Der Einfachheit halber werden diese als Probleme des Computing with Natural

Language (dt. Rechnen mit natürlicher Sprache) bezeichnet. Aus der Fuzzy-Logik leitet sich also unser Rechnen mit Worten als neue Form des Rechnens mit natürlicher Sprache ab. Um mit Worten zu rechnen, müssen wir folgende Punkte bedenken:

- Mit natürlicher Sprache lassen sich menschliche Wahrnehmungen beschreiben. Diese sind ungenau und spiegeln die begrenzte Fähigkeit unserer Sinnesorgane (perceptions) und letztlich unserer Gehirne wider, Details genau aufzulösen und Informationen exakt zu speichern. Diese Ungenauigkeit wird in der alltäglichen Kommunikation an die Sprachen weitergegeben.
- Die Hauptquelle der Ungenauigkeit in der natürlichen Sprache ist die Unschärfe der Grenzen von Mengen (sets), die der Bedeutung (Semantik) unserer Wörter zugrunde liegen. Unschärfe der Klassengrenzen bedeutet Fuzziness.
- Fuzzy-Logik ist die Logik von Mengen mit unscharfen Grenzen. Unscharfe Mengen (fuzzy sets) sind mittels Granulation und linguistischer Zusammenfassung präzisierte Mengen mit unscharfen Grenzen.
- Präzisierung bedeutet Assoziation einer Menge A, die unscharfe Grenzen aufweist, mit einer Skala von Graden bzw. mit einer Zugehörigkeitsfunktion μ. Dabei dürfen die Graden auch unscharf sein (also unscharfe Mengen eines höheren Typen darstellen; vgl. dazu Type-2-Fuzzy-Sets in [37] oder [38]). Bei höheren Stufen des Rechnens mit Worten ist eine Unschärfe dieser Grade eher die Regel als die Ausnahme.
- Die meisten Wörter (Phrasen) in einer natürlichen Sprache sind Bezeichnungen von Klassen mit unscharfen Grenzen (Beispiele sind nah, weich, schnell, hoch etc.). Unschärfe von Worten ist eine Begleiterscheinung der Unschärfe von Wahrnehmungen. Worte, Phrasen und Sätze werden durch Graduierung bzw. Granulation präzisiert.

Im folgenden Kapitel wenden wir uns der Präzisierung mittels einer restriktions-basierten Semantik (engl. restriction-based semantic; vgl. [26] zu). Die Präzisierung beinhaltet den Aufbau von rechnerischen, mathematischen Modellen von Wörtern, Phrasen, Sätzen, Fragen und anderen Arten von semantischen Einheiten.

Das Tao des Computing with Words

Mit „Sciences of the Artificial" legte Herbert Simon (1916–2001) Ende der 1960er Jahre ein Buch vor, das bis heute als Klassiker der Erforschung der künstlichen Intelligenz gilt [42]. Darin plädierte er u. a. dafür, von den klassischen Naturwissenschaften die gestaltungsorientierten Wissenschaften abzugrenzen: Naturwissenschaften generieren Wissen, indem sie analysieren und erklären, wie sich Menschen, Tiere, Objekte oder Phänomene in Natur und Gesellschaft verhalten und funktionieren. Demgegenüber schafft die gestaltungsorientierte Forschung Wissen, indem der Prozess der Gestaltung selbst zum Forschungsgegenstand erhoben wird [43]. Pfeifer und Bongard entwerfen vor diesem Hintergrund eine synthetische Methodik, die sich als ‚Verstehen durch (Nach-) Bauen' charakterisieren lässt [44]. Grundsätzlich gilt, dass Gestaltungsprozesse stets reziprok verlaufen [45]. So modellieren wir mit unseren Ideen, Frameworks und Werkzeugen smart(er)e Informationssysteme, die wiederum unsere Wahrnehmung der Welt und damit uns selbst verändern.

Gestaltungsorientierte Forschung eröffnet auch Wege zu einer Erforschung sprachlicher Unschärfe und damit zur Entwicklung von Computing with Words-Systemen. Ein solches System ist per Definition in der Lage, eine Anfrage durch eine Synthese von Informationen aus verschiedenen Teilen einer (online) Wissens- oder Datenbank zu beantworten. Um solche Systeme zu bauen, bedienen wir uns der synthetischen Methodologie. Dabei sollen bei der Instanziierung künstlicher Intelligenz „die Eigenschaften der ökologischen Nische und die Merkmale der Wechselwirkung mit der Umwelt" genutzt werden, um ihre Planung und Konstruktion zu vereinfachen [44, S. 107]. In diesem Kapitel gehen wir nun den Weg (Tao) des Rechnens mit Worten und instanziieren dabei gemeinsam Schritt für Schritt ein mögliches System für Computing with Words.

© Springer Fachmedien Wiesbaden GmbH, ein Teil von Springer Nature 2019   25
E. Portmann, *Fuzzy Humanist,* essentials,
https://doi.org/10.1007/978-3-658-26891-6_3

3.1   Eine mögliche Computing with Words-Instanz

Lassen Sie uns zunächst nachvollziehen, wie die verschiedenen Teile des Rechnens mit Worten als Ganzes zusammenwirken, um dann die zentralen Elemente von Computing with Words näher zu betrachten. Abb. 3.1 gibt hierzu einen Überblick über die zwei Phasen des Rechnens mit Worten.

Gegeben sei die Aussage p: Frau Müller ist jung. Nehmen wir an, die Frage q lautet: Wie alt ist Frau Müller? Aus der Aussage p lassen sich X (Alter von Frau Müller) als linguistische Variable und R (jung) als Restriktion dieser Variabel definieren. Diesem Grundkonzept des Rechnens mit Worten, also dem Zusammenhang von linguistischen Variablen und Restriktion, wenden wir uns nun genauer zu. Dazu betrachten wir in Abschn. 3.2 das zentrale Konzept der Granulation. Anschließend gehen wir in Abschn. 3.3 der Frage nach, was eine Erklärungsdatenbank (engl. explanatory database) ist, die wir vielleicht benötigen, um die Variable X sowie die Restriktion R zu präzisieren [27]: Gewöhnlich kann aus einer Frage nach dem Alter einer Person auf das Alter geschlossen werden. Es kann jedoch sein, dass bei der Frage „Wie alt ist Frau Müller?", die Restriktion nicht so einfach zu finden ist. Nun wissen wir, dass Frau Müller Mutter von zwei Kindern ist (Kap. 2). Um daraus auf das Alter von Frau Müller zu schließen, befragen wir eine Erklärungsdatenbank, um mithilfe des in dieser gespeicherten (Welt-)Wissens in Erfahrung zu bringen, in welchem Alter eine Frau in der Regel ihr erstes Kind zur Welt bringt. Auf dieser Basis kann dann das ungefähre Alter von Frau Müller (X^*) bestimmt werden. Bevor mit linguistischen Variablen und Restriktionen gerechnet werden kann, müssen die Variablen oftmals präzisiert werden. Die Mittel dazu stellt Abschn. 3.4 vor. Nun, da X^*

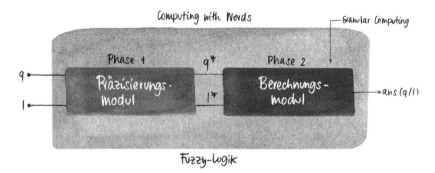

Abb. 3.1 Die Phasen des Rechnens mit Worten. (Angelehnt an [26])

und R^* hinreichend präzise definiert sind, können wir uns im Abschn. 3.5 der Berechnung (engl. computation) von Computing with Words widmen.

3.2 Granulation und linguistische Variablen

Linguistische Variablen enthalten Werte in Form von Wörtern oder Phrasen und nicht in Form von Zahlen. Z. B. ist die Variable „Alter" linguistisch, wenn die Werte ‚jung', ‚mittleren Alters' und ‚alt' lauten. Die Variable ist nicht linguistisch, wenn es sich bei den Werten um Zahlen wie 20 oder 21 handelt [46]. Der Vorteil der linguistischen Variablen besteht darin, dass sie Ungenauigkeit erlauben und so für das Rechnen mit Wahrnehmungen einfacher zu verwenden sind als exakte Zahlen.

Nach Zadeh [46] enthält eine Variable formell drei Elemente $(X, U, R(X, u))$:

- X definiert den Namen der Variablen.
- U definiert das Diskursuniversum, in welchem sich die Variable befindet.
- u bestimmt den generischen Namen der Elemente in U, und $R(X, u)$ ist eine Unterkategorie von U, welche eine Einschränkung der Werte von X bis u darstellt.

Was heißt das? Nehmen wir als Beispiel wieder das Alter von Frau Müller: „Alter von Frau Müller" ist hier der Name der Variablen X. Alle für Frau Müller denkbaren Alter charakterisieren das Diskursuniversum U, welches gemäß Statistiken zur menschlichen Lebenserwartung etwa 0 bis 100 Jahre umfasst. Die Einschränkung beruht auf der Information, dass Frau Müller zwei Kinder hat, die noch jung sind. Sie selbst kann also weder allzu jung, noch allzu alt sein. Die möglichen Elemente könnten sich etwa im Intervall [45–60] befinden. Ein Element aus dem Intervall (z. B. 48) wird als u bezeichnet. Mit den bekannten Angaben kann nun zwar nicht auf das genaue Alter von Frau Müller geschlossen werden, aber es ist vielleicht möglich zu sagen, inwieweit Frau Müller jung, mittleren Alters oder alt ist (Abb. 3.2).

Um zu verstehen, wie stark Frau Müllers Alter den jeweiligen Mengen zugehört bzw. mit welchem Grad es diesen angehört, wird Fuzzy-Logik angewendet. Das bedeutet, dass ein Objekt nicht zwangsläufig zu einer einzigen Klasse (jung, mittelalt oder alt) gehören muss, sondern mehreren Klassen angehören kann (wenn auch in unterschiedlichem Maße [47]). Um zu definieren, welchen Zugehörigkeitsgrad eine bestimmte Variable in einem bestimmten Fuzzy Set hat, ist die Ermittlung der Zugehörigkeitsfunktion μ erforderlich. Diese kann mit verschiedenen Methoden bestimmt werden: Sie wird entweder auf Basis einer

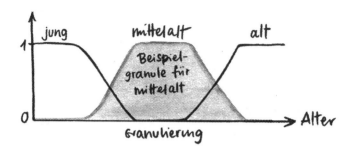

Abb. 3.2 Granulation des Alters durch linguistische Variablen. (Angelehnt an [26])

statistischen Analyse oder auf Basis von Modellen erstellt, die den Output eines bestimmten Inputs analysieren und daraus die Zugehörigkeitsfunktion ableiten. Eines der wichtigsten Konzepte für Computing with Words ist Granular Computing [36]. Es handelt sich dabei um ein Rechenparadigma der Informationsverarbeitung, das sich auf die Verarbeitung komplexer Informationseinheiten bezieht, die als Informationsgranule bezeichnet werden und die im Prozess der Datenabstraktion und der Ableitung von Wissen aus Daten resp. Informationen entstehen. Eine Granule stellt hierbei ebenso wie ein Fuzzy Set, die Beschränkung einer linguistischen Variablen dar. Im Gegensatz zu einem Fuzzy Set verwendet Granular Computing jedoch keine Zugehörigkeitsfunktion, um die Granulen zu definieren, sondern bestimmt die Klassen auf Grundlage von Ähnlichkeit, Nähe oder Funktionalität der Objekte [46]. Um die Granularität (auch Kardinalität genannt) zu messen, muss die Anzahl der Elemente in einer Granule gezählt werden. Hierbei gilt: Je mehr Elemente eine Granule enthält, desto höher ihr Abstraktionsgrad.

Ein Beispiel für Granular Computing ist in Abb. 3.3 als granularer Wissenswürfel dargestellt. Er zeigt verschiedene Stufen von Granulationen, angewendet auf die Arbeit von Herrn Müller. Dieser arbeitet als Forscher im Bereich Visualisierung in der städtischen Universitätsklinik, wo er chemische Reaktionen dokumentiert, aufarbeitet und in einer Datenbank einpflegt.

Eine Granule kann als eine Menge betrachtet werden, zu der mehrere Objekte nach bestimmten Regeln gehören. Eine Granule ist also eine Einschränkung des Wertes, den eine Variable annehmen kann (Abschn. 3.4). Granulation als Prozess der Bildung von Granulen erfolgt, indem Objekte nach einer bestimmten Regel

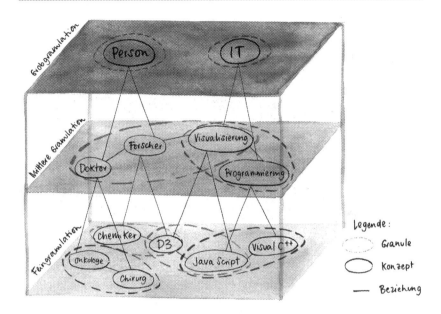

Abb. 3.3 Granular Knowledge Cube. (Angelehnt an [48])

in einer Granule zusammengeführt werden [49]. Granule können entweder von oben nach unten oder von unten nach oben definiert werden. Von oben nach unten bedeutet hier, dass das Diskursuniversum in Subsysteme aufgeteilt wird. Von unten nach oben meint, dass ein einzelnes Objekt der Ausgangspunkte für die Granulation ist [49].

Granular Computing hilft also, große Mengen an Daten und Informationen zu strukturieren. Hierbei kann zwischen verschiedenen Granulierungsstufen gewechselt werden, je nachdem, wie viele Daten/Informationen benötigt werden. Es ist eigentlich eine Methode zur Analyse und Strukturierung von Informationen. Je höher die Ebene in der Struktur der Granularität, desto ungenauer sind die dargestellten Daten/Informationen. Granulation ermöglicht, Systeme zu bauen, die eine hohe maschinelle Intelligenz aufweisen, weil diese die menschliche Fähigkeit imitieren, Probleme ohne Messungen oder Berechnungen zu lösen [49].

3.3 Das Konzept Erklärungsdatenbank

Um eine Variable X und ihre Einschränkung R anzugeben, kann u. U. eine Erklärungsdatenbank (explanatory database) hilfreich bzw. notwendig sein. Diese enthält eine Sammlung von Beziehungen, die zwischen den verschiedenen Teilen des Satzes p bestehen. Auf dieser Grundlage kann die Bedeutung von X und R präzisiert resp. spezifiziert werden [27]. Derzeit gibt es diverse Datenbankarten unterschiedlichen Typs, die je nach Art der gespeicherten Daten und Informationen eingesetzt werden können. Es ist hilfreich, hier zwischen relationalen (SQL) und nicht-relationalen Datenbanken (No-SQL) zu unterscheiden (Abb. 3.4).

Es gibt drei wichtige Datenbanktypen, die heute für das Management und die Administration einer Erklärungsdatenbank eingesetzt werden können [50]:

1. Eine relationale Datenbank speichert Daten in Form einer Tabelle, wobei verschiedene Tabellen und Daten durch Beziehungen miteinander verknüpft sind.
2. Eine dokumentorientierte Datenbank oder der Schlüsselwertspeicher speichert das Dokument als Ganzes. Diese Art von Datenbank wird verwendet, wenn

	Relationale Datenbanken	Nicht-relationale Datenbanken
Strukturierung	Sind tabellenbasierte Datenbanken	Sind dokument-, schlüssel- wertepaar- und/oder Diagramm- basierte Datenbanken
Schematik	Haben ein vordefiniertes Schema für strukturierte Daten	Haben ein dynamisches Schema für unstrukturierte Daten
Skalierbarkeit	Sind vertikal skalierbar	Sind horizontal skalierbar
Skalierung durch	Erhöhung der Leistung der Hardware	Erhöhung der Anzahl Daten- bankserver im Ressourcenpool, um die Last zu reduzieren
Abfragesprache	Strukturierte Abfragesprache zur Definition und Manipulation der Daten, die sehr leistungs- fähig ist	Abfragen konzentrieren sich auf die Sammlung von Dokumenten

Abb. 3.4 Relationale vs. nicht-relationale Datenbanken. (Angelehnt an [50])

eine große Menge an Informationen gespeichert werden muss und die Informationen eine sehr hohe Verfügbarkeit und Konsistenz aufweisen müssen.
3. Eine Graph-Datenbank wird verwendet, um ein Netzwerk darzustellen, das aus Knoten und Kanten aufgebaut ist. Diese Datenbank kann verwendet werden, um Beziehungen zwischen Menschen darzustellen.

Greifen wir wieder das Beispiel von Frau Müllers Alter auf: Die Sammlung der Beziehung zwischen dem Alter der Kinder und dem Weltwissen besteht darin, in welchem Alter durchschnittlich eine Frau ihr erstes Kind zur Welt bringt (Kap. 2). Die Erklärungsdatenbank könnte an dieser Stelle etwa wie folgt aussehen: $ALTER[Name]^* = ALTER[Durchschnittliches.erstes.Kind] + ALTER[Erstes.Kind]$. Da im Soft Computing keine genauen Zahlen verwendet werden, erhalten wir ein geschätztes und kein exaktes Alter. Dies wird mit dem Asterix (*) gekennzeichnet. Das Szenario könnte also folgendermaßen aussehen: Die Spanne des Durchschnittsalters für Frauen bei der Geburt ihres ersten Kindes liegt zwischen 20 und 30 Jahren. Das bedeutet, dass der Altersbereich von Frau Müllers Alter ($ALTER[Frau.Müller]^*$) ungefähr zwischen 45 und 60 liegen kann. Mit dem in der Erklärungsdatenbank gespeicherten Wissen konnten wir also das Alter von Frau Müller (immer exakter) bestimmen.

3.4 Präzisierung der Bedeutung

Bevor die Berechnung mit linguistischen Variablen und Granulen möglich wird, müssen die Variablen präzisiert werden. Dazu muss zunächst sichergestellt sein, dass die Bedeutung bzw. Semantik des Satzes richtig verstanden wird. Für den Schritt zur Klärung der Bedeutung ist möglicherweise Weltwissen erforderlich, welches bspw. einer Erklärungsdatenbank entnommen werden kann [26]. Um zu verdeutlichen, was mit dem Verständnis der Bedeutung gemeint ist, hilft das folgende Beispiel: „Schweden sind viel größer als Italiener". Die erste Klarstellung könnte „die meisten Schweden sind viel größer als die meisten Italiener" lauten und die zweite „die durchschnittliche Größe der Schweden ist viel größer als die durchschnittliche Größe der Italiener" [26, S. 66 ff.].

Darüber hinaus ist es wichtig zu verstehen, dass bei der Berechnung mit Worten durch Präzisierung die Spezifikation von Bedeutung (Semantik) und nicht von Wert gemeint ist. Um das Beispiel von Frau Müller wieder aufzugreifen: Die Frage nach dem Alter von Frau Müller kann nicht genau beantwortet werden, sondern nur unscharf: „Frau Müller ist im mittleren Alter" oder „Frau Müller ist nicht mehr jung." Das meint, dass die Bedeutung, aber nicht der Wert von X angegeben werden kann [26].

Wenn wir nun die bereitgestellten Informationen analysieren, stellen wir fest, dass es unterschiedliche Informationen gibt. Die zur Verfügung stehenden Informationen im Beispiel enthalten zwei Aussagen, nämlich das ungefähre Alter ihres Sohnes und das ungefähre Alter ihrer Tochter. Zusammen bilden sie ein Set von Informationen I [26]. Ein Informationsset kann geschlossen sein, was bedeutet, dass eine zusätzliche Aussage (p) nicht mehr Informationen liefert, oder offen sein ($p+$), was bedeutet, dass eine zusätzliche Aussage zusätzliche Informationen hinzufügt [26].

Im Beispiel ist zusätzlich zu den beiden Aussagen aus den bereitgestellten Informationen Weltwissen über das Durchschnittsalter einer Frau bei der Geburt ihres ersten Kindes angegeben (Kap. 2). Dieses Weltwissen hilft hier, die bereitgestellten Informationen zu spezifizieren. Zadehs Konzept der Präzisierung ist in Abb. 3.5 dargestellt, in welcher die verschiedenen Elemente, die für die Präzisierung (engl. precisiation) benötigt werden, dargestellt sind [27]: der Precisiend (das Objekt, das spezifiziert werden muss) und der Precisiand (das spezifizierte Objekt, das durch den Prozess der Präzisierung entsteht; vgl. Zadeh 1996).

Das Ergebnis ist ein Satz p als Einschränkung der Variablen X, die als Bedeutungspostulat (engl. meaning postulate) definiert ist [26]. Diese Einschränkung ist erforderlich, um eine Variable anzugeben [26]. Aus dem Beispiel ist die zu spezifizierende Variable „Alter von Frau Müller". Dies kann mit einer restriktionsbasierten Semantik (restriction-based semantic) umgesetzt werden. Restriktionsbasierte Semantik kennzeichnet also eine Präzisierung von X und R durch eine Aussage p [17]. D. h., dass auf der Basis von p, X und R definiert und präzisiert werden können: $p \xrightarrow{\text{precisiation}} X \ is_r \ R$.

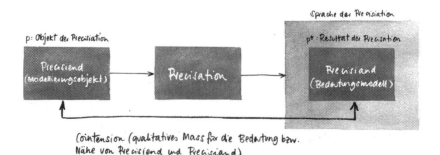

Abb. 3.5 Konzept der Präzisierung. (Angelehnt an [26])

Eine Restriktion trägt Informationen und ist daher eine Beschränkung auf den Wert, den eine Variable X annehmen kann [26]. Es gibt nun verschiedene Formen, eine Restriktion auf $X, R(X)$ zu schreiben. Betrachten wir die kanonische Form [26]: X ist hier die eingeschränkte Variable, R ist die einschränkende Beziehung und r definiert, wie (d. h. auf welche Weise) R X einschränkt. Laut Zadeh [26] gibt es verschiedene Arten von Restriktionen. Die wichtigsten sind nach Zadeh [47]:

1. Possibilistisch, was bedeutet, dass das Ereignis eintritt (möglich) oder nicht eintritt (unmöglich), aber in jedem Fall nur einmal eintritt. In diesem Fall ist A ein Fuzzy Set in U mit der angegebenen Zugehörigkeitsfunktion μ_A.
2. Probabilistisch, was bedeutet, dass das Ereignis mehr als einmal auftreten kann und eine bestimmte Wahrscheinlichkeit hat. In diesem Fall spielt eine Wahrscheinlichkeit P die Rolle der Wahrscheinlichkeitsverteilung von X.
3. Z-Beschränkung, als eine Kombination aus der possibilistischen und probabilistischen Beschränkung. Ein typisches Beispiel für eine Z-Beschränkung ist ‚normalerweise dauert eine Reise mit dem Zug von Bern nach Zürich eine Stunde'. In diesem Fall konstatieren A und B Fuzzy Sets, wobei A die possibilistische (eine Stunde) und B die probabilistische (normalerweise) Einschränkung ist [26].

3.5   Computing with Restrictions

Bisher wurden die verwendeten Informationen sowie der Vorbereitungsprozess erläutert. Nun kann die eigentliche Berechnung (computation) durchgeführt werden. Die Basis von Computation with Restrictions (mittels generalisierter Einschränkungen wie sie in Abschn. 3.4 beschrieben wurden) ist die Verwendung von Regeln, die die Ausbreitung und Gegenausbreitung von Beschränkungen festlegen [37]. Die wichtigste Bestimmung ist das Erweiterungsprinzip (engl. extension principle).

Als Erweiterungsprinzip kennzeichnet Zadeh eine Sammlung von Rechenregeln, in denen die Objekte der Berechnung verschiedene Arten von Einschränkungen sind [37]. Diese regeln die Übertragung der Restriktionen. Mit anderen Worten, das Erweiterungsprinzip ist eine Sammlung von Regeln für die Zuordnung von Punkten einer unscharfen Teilmenge von U zu einer anderen unscharfen Teilmenge von V.

Die genannten Berechnungsmethoden haben das Problem, dass sie während der Berechnung Informationen verlieren (können). Um dies zu umgehen,

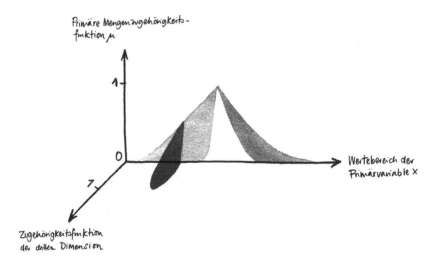

Primäre Mengenzugehörigkeits-
fmktion μ

Wertebereich der
Primärvariable x

Zugehörigkeitsfmktion
der dritten Dimension

Abb. 3.6 Ein Typ-2-Fuzzy-Set

entwickelten Herrera und Martínez [51] eine Methode der 2-Tupel Fuzzy Linguistic Representation. Dieses Verfahren verwendet die Typ-2-Fuzzy-Sets als Darstellung von Informationen. Die in der Abb. 3.6 dargestellten Typ-2-Fuzzy-Sets
können dabei mindestens vier Arten von Unsicherheiten (nämlich Bedeutung von
Wörtern, Histogramm von Werten, verrauschte Messungen, verrauschte Daten zur
Abstimmung der Parameter) besser handhaben als klassische Typ-1-Fuzzy-Sets,
da ihre Zugehörigkeitsfunktion selbst unscharf und nicht scharf im Vergleich zu
den Typ-1-Fuzzy-Sets ist.

Die Zugehörigkeitsfunktion eines Typ-2-Fuzzy-Sets ist dreidimensional. Diese
neue dritte Dimension bietet einen zusätzlichen Freiheitsgrad. Das 2-Tupel-Mo-
dell ist im Grunde genommen ein symbolisches Rechenmodell, das nach Herrera
und Martínez auf die Verwendung von Indizes ausgedehnt wurde [51]. Die Darstellung der Informationen basiert auf der sog. symbolischen Übersetzung, die
Mittel aus gepaarten Werten bildet ein linguistisches 2-Tupel (s_i, α). s_i repräsentiert den sprachlichen Begriff und α repräsentiert einen Zahlenwert, der für die
symbolische Übersetzung steht [51].

3.6   Lessons Learned

Rechnen mit Worten kennzeichnet ein Berechnungssystem, in dem die Rechen-
objekte aus einer natürlichen Sprache abgeleitete Wörter, Phrasen und Sätze sind,
und fügt den traditionellen Rechensystemen zwei wichtige Fähigkeiten hinzu –
nämlich die Fähigkeit:

1. Die Bedeutung von Worten, Phrasen und Sätzen zu präzisieren und
2. Mit den präzisierten Worten, Phrasen und Sätzen zu rechnen.

Rechnen mit Worten hat also eine Auswirkung auf die künftige Mathematik. Sie
befähigt diese, mathematische Lösungen aus Problemen zu konstruieren, welche
in einer natürlichen Sprache verfasst sind. In diesem Kapitel zeigten wir den Weg
bzw. das Tao des Rechnens mit Worten:

- Nach einer Übersicht der zwei Phasen des Computing with Words
  beschäftigten wir uns mit Granulation durch linguistische Variablen. Diese
  Variablen können dabei als Granulen gesehen werden, die Objekte einer Menge
  (etwa aufgrund von Ähnlichkeit, Nähe oder Funktionalität) zusammenhalten.
- Eine Erklärungsdatenbank enthält eine Sammlung von Beziehungen, die zwischen den verschiedenen Teilen eines Satzes bestehen können. In ihr können
  die Bedeutungen von Variablen und Restriktionen präzisiert bzw. spezifiziert
  werden. Zur Speicherung dieser Informationen stehen dabei verschiedene
  Typen moderner Datenbanken wie relationale, dokumentorientierte und/oder
  Graph-Datenbanken zur Verfügung.
- Bevor mit linguistischen Variablen und Granulen gerechnet werden kann,
  müssen möglicherweise Variablen präzisiert werden. Dabei müssen die
  Bedeutung bzw. Semantik eines Satzes resp. einer Aussage richtig verstanden
  werden. Dazu wird ein Konzept der Präzisierung benötigt: Dieses gleicht das
  Objekt, das spezifiziert werden muss (der Precisiend) mit dem spezifizierten
  Objekt, das durch den Prozess der Präzisierung entsteht (dem Precisiand), ab.
  Nun kann mit den Variablen und Restriktionen gerechnet werden.

Im folgenden Kapitel wenden wir diese Methode in einem Use Case zur kollektiven Intelligenz von Menschen und Maschinen an.

Frage-Antwort-Systeme als Computing with Words Use Case

4

Unser Leben (bspw. in einer Stadt) ist voll von subjektiven Urteilen, die von persönlichen Überzeugungen, Erfahrungen oder auch dem jeweiligen sozialen, politischen und ökonomischen Hintergrund beeinflusst werden. Sie beruhen auf einer Mischung aus qualitativen und quantitativen Informationen. Emotionen, Wahrnehmungen und Worte sind Beispiele für qualitative Informationen. Ihnen ist gemeinsam, dass sie nicht direkt gemessen werden können. Im Gegensatz dazu können quantitative Informationen direkt gemessen oder aus einer Messung berechnet werden. Beispiele hierfür sind ein- oder mehrdimensionale Daten, die in numerischen Zusammenfassungen wie etwa Statistiken summiert werden [34].

Unabhängig davon, ob qualitativ oder quantitativ, sind (urbane) Informationen laut Mendel und Wu durch kleinere oder auch größere Unsicherheiten, durch Unschärfe, Vagheit und Ungenauigkeit gekennzeichnet [34]. Qualitative Unsicherheit unterscheidet sich dabei von quantitativer Unsicherheit. So beruht die Unsicherheit von Worten etwa darauf, dass sie für verschiedene Menschen unterschiedliche Dinge bedeuten können [39]. Messungen wiederum können unsicher sein, weil die zu messende Größe zufällig ist, sie durch unvorhersehbare Messunsicherheiten beeinträchtigt werden oder beides. Zu den besonderen Fähigkeiten des Menschen gehört hierbei, dass er auch auf der Basis von unsicheren Informationen (seien sie qualitativ, seien sie quantitativ) zielführend sinnvolle Entscheidungen treffen kann.

In diesem Kapitel möchten wir das Rechnen mit Worten anhand eines Use Cases aus der Praxis der Smart City aufzeigen [52]. Dazu gehen wir zuerst auf kollektive urbane Intelligenz ein, welche auf der interaktiven Zusammenarbeit aller Interessengruppen (also Bürger, öffentliche Hand und Politik, aber auch intelligente Informationstechnologie, die auf Computing with Words beruht) gründet. Sprache als Mittel, um diese Stakeholder miteinander zu verbinden und

© Springer Fachmedien Wiesbaden GmbH, ein Teil von Springer Nature 2019
E. Portmann, *Fuzzy Humanist,* essentials,
https://doi.org/10.1007/978-3-658-26891-6_4

ihre Visionen und Lebensvorstellungen abzugleichen, ist hierfür zentral. Das Rechnen mit Worten kann dabei als Schnittstelle der Maschinen zu uns Menschen verstanden werden, welche zwischen Maschinenwelt und Menschenwelt zu vermitteln vermag (Kap. 1). Es berücksichtigt dabei die qualitativen wie auch quantitativen Daten und Informationen. Ein geglücktes Zusammenspiel von Menschen und Maschinen mündet in eine kollektive urbane Intelligenz (bzw. führt dank verbesserter Mensch-Maschine-Interaktion zu einem städtischen Superorganismus, vgl. [53]). Darauf werden wir im nächsten Abschnitt eingehen.

4.1 Bildung kollektiver Intelligenz mittels Computing with Words

In der Tier- und Pflanzenwelt hat sich die Intelligenz der Masse vielfach bewährt [12]. Ein klassisches Beispiel ist der Bienenstaat. Das Verhaltensrepertoire einer einzelnen Biene ist beschränkt, im Kollektiv legen Bienen jedoch komplexe Verhaltensmuster an den Tag, welche als intelligent bezeichnet werden können. Klappt das auch beim Menschen? Und kann das Rechnen mit Worten bei der Bildung kollektiver Intelligenz helfen?

Der Begriff kollektive Intelligenz bezeichnet gemeinsame, konsensbasierte Entscheidungs- und Problemlösungsprozesse innerhalb einer Gruppe. Bereits der griechische Philosoph Aristoteles (384–322 v. Chr.) hat sich hierüber im Rahmen seiner politischen Theorie Gedanken gemacht. In der sog. Summierungstheorie erklärt er, dass die Entscheidung einer größeren Gruppe von Menschen besser sein kann, als die der weniger Einzelner. Die Menge handle wie ein einziger Mensch, der über viele Füße, Hände und Wahrnehmungsorgane, ebenso wie über einen Charakter und Intelligenz verfügt. Aristoteles bezieht dies ausdrücklich auch auf die politische Entscheidungsfindung, weshalb die Theorie manchmal als Argument pro Demokratie betrachtet wurde, obschon Aristoteles der Demokratie eher skeptisch gegenüberstand.

Die Psychologie hat allerdings gezeigt, dass kollektive Intelligenz nur unter bestimmten Bedingungen gut funktioniert, nämlich dann, wenn die Individuen einer Gruppe zwar miteinander interagieren, aber dennoch weiterhin eigene Entscheidungen treffen können. Allzu homogene Gruppenstrukturen führen schnell zu Gruppenzwang, was in wenig zielführende oder sogar kontraproduktive Entscheidungen münden kann. Kollektive Intelligenz ist also – leider – keine zwangsläufige Folge von Gruppenprozessen: Die Weisheit der Masse kann auch in kollektive Dummheit umschlagen [54].

Ein vielzitiertes Beispiel für die positiven Effekte von kollektiver Intelligenz ist Wikipedia. Wikipedia beruht darauf, dass prinzipiell jeder einen Eintrag verfassen kann. Stellen sich hierbei jedoch Fehler ein, so wird dieser Eintrag innerhalb kürzester Zeit überarbeitet. Weiß jemand mehr über ein Thema, so fügt er sein Wissen hinzu. Dieser iterative Prozess führt dazu, dass ganz normale Personen gemeinsam das größte Online-Lexikon der Welt erstellt haben, zunehmend erweitern und verbessern. Das Beispiel zeigt auch die Verknüpfung von menschlicher kollektiver Intelligenz mit Informations- und Kommunikationstechnologie.

Der kanadische Lerntheoretiker Siemens hat vor diesem Hintergrund das lern- und kognitionstheoretische Konzept des Konnektivismus (engl. connectivism) entwickelt, das als zentrale Theorie für das Lernen im digitalen Zeitalter gilt [55]. Der Konnektivismus betrachtet den Lernenden (bspw. ein Stakeholder in der Smart City) als Bestandteil eines komplexen Wissensnetzwerks (d. h. einer kollektiven urbanen Intelligenz). Siemens führt dazu den Begriff des Knotens ein [55]. Das sind Träger von Informationen, wie Personen, Bibliotheken und Bücher, aber ausdrücklich auch digitale Informationsquellen. Konnektivistisches Lernen konzentriert sich daher nicht nur auf die Aufnahme von Faktenwissen, sondern adressiert gezielt auch das Wissen, wo sich etwas finden lässt. Demzufolge kann Lernen als ein Prozess der sozialen und technisch gestützten Vernetzung gesehen werden, beruhend auf dem soziotechnischen System, das Mensch und Maschine zu diesem Zweck eingehen.

Hier wäre im Übrigen auch der Einsatz von Computing with Words denkbar. Greifen wir noch einmal das Beispiel von Wikipedia auf: Ein Eintrag könnte von Maschinen durch Computing with Words automatisch verarbeitet werden. Da das Rechnen mit Worten statistische Verfahren (Kap. 3) um die Fähigkeit mit semantischer Relevanz umzugehen erweitert, eignet sich dieses gut als Schnittstelle von menschlichen Verfassern zu maschineller Weiterbearbeitung [52].

4.2 Anwendung der kollektiven Intelligenz auf Städte

Wie wir in Kap. 3 darstellten, schlagen Pfeifer und Bongard eine synthetische Methodologie zur Erforschung von Intelligenz vor [44]. Auch wir wenden diese Methodologie an, um kollektive urbane Intelligenz zu erforschen. Dabei versuchen wir die Fähigkeit des menschlichen Gehirns nachzuahmen, mit vagen, ungenauen und unsicheren Informationen umgehen zu können. Unser Leitbild für die Entwicklung intelligenter Systeme ist die Toleranz für Ungenauigkeit, Ungewissheit, Teilwahrheit und Annäherungen. Dabei setzen wir auf Methoden und Techniken aus dem Soft Computing (einem Mix aus Fuzzy-Logik, neuronalen Netzen sowie evolutionärem Rechnen; vgl. [52]), deren Vorbild das menschliche Gehirn ist [12].

In Abb. 4.1 folgen wir dem Leitbild des Nachbaus des Gehirns, um auf einer höheren Granularitätsstufe kollektive urbane Intelligenz zu erstellen, mit dem Rechnen mit Worten als Schnittstelle. Konkret instanziieren wir ein intelligentes Stadtsystem, das mittels Soft Computing-Methoden auf quasi natürliche, gehirnorientierte Art und Weise lernen und mit Menschen interagieren kann. Die Systeme entfalten ihre Intelligenz, indem sie Antworten auf alltägliche, aber auch unerwartete, neue oder ungewöhnliche Herausforderungen finden. Zudem können sie durch Interaktionen mit uns Menschen lernen, wie wir denken und die Welt wahrnehmen. Auf diese Weise erwerben sie neue kognitive Fähigkeiten. Das Ziel ist die Erweiterung unserer kollektiven Intelligenz, was hier am Beispiel Smart und Cognitive Cities aufgezeigt werden soll [12].

Das IT- und Beratungsunternehmen IBM versteht unter dem Begriff Smart City eine Stadt, die verfügbare und miteinander verbundene Informationen optimal nutzt, um die Stadt besser zu verstehen und zu steuern sowie um ihre limitierten Ressourcen optimal(er) einzusetzen. Wird diese Idee mit intelligenten Internet- und Websystemen verbunden, so entstehen Cognitive Cities, die aus einer Gemeinschaft vieler eigenständiger Intelligenzen eine kollektive Intelligenz

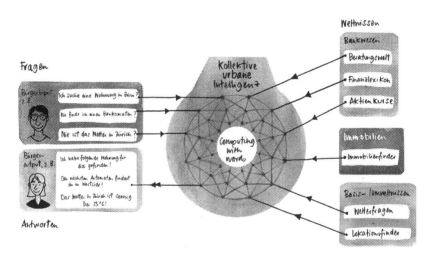

Abb. 4.1 Beantwortung stadtrelevanter Anfragen mit einem Frage-Antwort-System. (Angelehnt an [56])

hervorbringt [12]. Biologische und künstliche Intelligenz verschmelzen dabei, sodass sich Menschen und Systeme gemeinsam intelligenter verhalten, als es ein Einzelner, die Gemeinschaft oder die Systeme dies jemals alleine tun könnten. Durch diese Symbiose entstehen Potenziale, die für alle Beteiligten Mehrwert bringen. Menschen bringen dabei ihre Fähigkeiten ein, wovon zwei besonders herausstechen: Die Fähigkeit, in einer von Unschärfe geprägten Realität möglichst sinnvolle Entscheidungen zu treffen, und die Fähigkeit, physische wie psychische Aufgaben ohne Messen ausführen zu können [53].

Für das Design und die Entwicklung smarter Stadtsysteme erweisen sich solche Fähigkeiten als Knackpunkt. Im Speziellen brauchen diese Systeme nämlich die Fähigkeit, natürliche Sprache zu verstehen, d. h. ihre Semantik entschlüsseln und richtig interpretieren zu können, und – in diesem Verstehen verwurzelt – auch die Fähigkeit, Wahrnehmungen entsprechend zu handhaben (vgl. Perceptual Computing, [34]). Ein Großteil der Informationen, die das Gehirn ganz natürlich verarbeitet, ist wahrnehmungsbasiert. Daher muss ein System für Smart und Cognitive Cities vage Informationen verarbeiten und natürlichsprachig mit den Menschen interagieren können.

4.3 Computing with Words-basierte Frage-Antwort-Systeme

Suchmaschinen, auf die wir uns heute verlassen, sind fraglos äußerst nützlich, und die meisten von uns können sich wahrscheinlich kaum noch vorstellen, wie es ist, ohne die leichte Verfügbarkeit von Daten und Informationen auszukommen, die Suchmaschinen (wie Google &Co.) uns tagtäglich ermöglichen. Eine Fähigkeit ist ihnen noch immer nicht gegeben: Die Fähigkeit zur Deduktion. D. h., moderne Suchmaschinen sind nicht in der Lage, auf der Basis von verschiedenen Informationsquellen eine Antwort auf eine Frage zu erzeugen. Denn laut Zadeh [47] haben sie keinen Zugriff auf wahrnehmungsbasiertes Wissen (sog. Weltwissen) und können nicht oder nur unzureichend mit semantischer Relevanz umgehen (Abb. 4.2). Anders ist es bei Frage-Antwort-Systemen, die per Definition über diese Fähigkeit verfügen [57].

Forschung und Entwicklung haben sich bereits in den frühen 1970er Jahren mit Frage-Antwort-Systemen beschäftigt, als Suchmaschinen, deren Anfänge in den 1990er Jahren liegen, noch gar nicht diskutiert wurden. Das Interesse an Frage-Antwort-Systemen schwand allerdings anfangs 1980er Jahre, als sich herausstellte, dass künstliche Intelligenz noch nicht weit genug entwickelt war, um die erforderlichen Werkzeuge und Technologien bereitzustellen. Vor dem Hintergrund

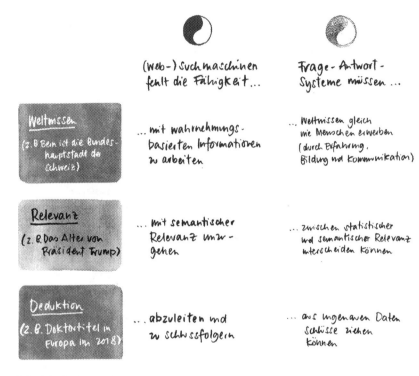

Abb. 4.2 Suchmaschinen vs. Frage-Antwort-Systeme. (Angelehnt an Zadeh 2005)

der technischen Errungenschaften der letzten Jahrzehnte wurde die Thematik insbes. von Lotfi Zadeh jedoch wieder aufgegriffen. Zadeh betrachtete die Entwicklung von Frage-Antwort-Systemen als das herausforderndste Problem der Informationswissenschaft und -technologie [57]. Ziel müsse die Verbesserung der Leistung und die Weiterentwicklung von Suchmaschinen hin zu Frage-Antwort-Systeme sein [58].

Dies kann laut Zadeh allerdings nicht auf der Basis bereits vorhandener (d. h. auf bivalenter Logik beruhender) Tools geschehen [57]. Vielmehr bedarf es dazu neuer Werkzeuge, deren Grundlage Fuzzy-Logik und ihrer unscharfen Mengen ist. Vor diesem Hintergrund betrachtet er die Entwicklung von Frage-Antwort-Systemen als eines der wichtigsten Anwendungsgebiete seiner Logik [57]. Es sind ihre grundlegenden Merkmale (d. h. alles ist eine Frage des Grades und alles kann granuliert werden), die sie geeigneter erscheinen lassen, mit

Fragestellungen im offenen Internet- und Webumfeld umzugehen, als Standardwerkzeuge. Das Rechnen mit Worten und Wahrnehmungen (engl. Computing with Words and Perceptions), wie Zadeh seine Theorie vollständig betitelte, könnte unserer kollektiven Intelligenz (von Menschen und Maschinen) Auftrieb verleihen. Dies kommt immer stärker bei der Implementation von Smart City-Bestrebungen zum Tragen [12].

4.4 Frage-Antwort-Systeme für smarte Städte

Informationen besitzen in erster Linie linguistische Werte (d. h. natürliche Sprache) und sind eine grundlegende Komponente für jede Form von Interaktion bzw. Kommunikation, so auch für die Kommunikation zwischen Staat und Bürger. Deshalb ist es von hoher Bedeutung, sich bei der Gestaltung und Entwicklung von Systemen der Herausforderung der natürlichen Sprache (Weltwissen, Relevanz und Deduktion; Abb. 4.2) zu stellen. Die Entwicklung natürlichsprachiger Kalkulationsgegenstände erlaubt, ungenaue, unpräzise und vage Informationen in die Verarbeitung einer Anfrage miteinzubeziehen und somit eine bestmögliche Antwort für den Nutzer zu generieren [30].

Ein Großteil des Weltwissens wird in einer natürlichen Sprache ausgedrückt. Deshalb sind Fragen des natürlichen Sprachverständnisses und des natürlichsprachigen Denkens von direkter Relevanz für die Suche nach Informationen und für die Beantwortung von Fragen. Der Mensch hat dabei keine Schwierigkeiten, Sprache zu verstehen, anders heutige (Such-)Maschinen. Ein grundlegendes Problem ist, wie wir gesehen haben, die Ungenauigkeit der Bedeutung bzw. Semantik. Ein Mensch versteht die Aussage „Mach ein paar wenige Schritte" – eine Maschine nicht. Um diesen Befehl auszuführen, benötigt sie eine Präzisierung von ‚wenige'. Die Präzisierung von Sätzen, die aus einer natürlichen Sprache stammen, ist die Domäne des Rechnens mit Worten (Kap. 3).

Um effektiv mit Weltwissen, Relevanz, Deduktion und Präzision umzugehen, sind neue Instrumente erforderlich. Das Herzstück dieser Instrumente ist die generalisierte Einschränkung (engl. generalized constraint): Der Ausgangspunkt ist die grundlegende Prämisse, dass Informationen im Allgemeinen als ein System allgemeiner Beschränkungen darstellbar sind. Diese im Kap. 3 dargestellte allgemeine Sichtweise auf Informationen ist notwendig, um effektiv mit Weltwissen, Relevanz, Schlussfolgerung, Präzision und verwandten Problemen umzugehen.

In der Zukunft werden nach Zadeh Frage-Antwort-Systeme immer gefragter sein und mittelfristig Suchmaschinen revolutionieren [57]. Ein spannendes

Projekt in diesem Sinne ist z. B. Honolulu Answers[1]. Wenn die Bürger von Honolulu (Hawaii) eine Frage an ihre städtische Verwaltung haben, so haben sie eine
interessante Möglichkeit, an die gewünschte Information zu gelangen. Honolulu
Answers ist ein simples Frage-Antwort-System, das sich an die Bürger Honolulus
wendet. In eine einfache Suchmaske können ganz alltägliche Fragen (Wo erhalte
ich eine Hundemarke? Wie erneuere ich meinen Führerschein? Wo finde ich den
Müllabfuhrplan? Etc.) oder Schlagworte eingegeben werden. Die User erhalten
natürlichsprachige Antworten, die zuvor in sog. Civic Writeathons gemeinsam von
interessierten Bürgern und städtischen Mitarbeitern entworfen worden waren [59].

Wie wir aufzeigten, eignen sich Soft Computing-Methoden [12, 52] besonders
gut, um Frage-Antwort-Systeme mit stärkerer (künstlicher) Intelligenz synthetisch zu bauen, zu implementieren und auszustatten. Dabei spielt das Rechnen mit
Worten die Rolle einer natürlichsprachigen Schnittstelle zu uns Menschen, um
mittels konnektivistischem Lernen eine kollektive urbane Intelligenz (von Menschen und Maschinen) zu erstellen. Ein dialogbasierter Chatbot erlaubt, mit der
künstlichen Intelligenz zu chatten, die auf Computing with Words basiert.

4.5   Chatbots als interaktive Schnittstellen der Frage-Antwort-Systeme

Methoden zur computerbasierten Verarbeitung oder Erzeugung von natürlicher
Sprache sind nicht per se neu. Doch stoßen entsprechende Systeme in Form der
sog. Chatbots seit einiger Zeit auf zunehmendes Interesse und erleben eine immer
stärkere Verbreitung [58]. Das beruht auf der Steigerung ihrer Leistungsfähigkeit,
die auf die Verfeinerung der Techniken von Natural Language Processing sowie
auf die ständig zunehmenden Rechen- und Speicherkapazitäten und der damit
einhergehenden Erschließung großer Datenmengen zurückzuführen ist (Kap. 3).
Chatbots sollten in der Lage sein, in natürlicher Sprache mit Menschen zu kommunizieren und können daher als dialogbasierte Schnittstelle zwischen Informationen und Nutzern betrachtet werden.

Der Nutzer tritt in einen Dialog mit einem Chatbot, indem er diesem auf der
Suche nach Informationen zu einem bestimmten Thema eine Frage stellt (z. B.
in Form eines Fragesatzes, aber auch durch eine Stichworteingabe, schriftlich

---

[1]Honolulu Answers (https://www.codeforamerica.org/past-projects/honolulu-answers) wird
zurzeit nicht mehr gepflegt, war aber ein schönes Beispiel, wie aus dem Zusammenspiel
von öffentlicher Hand und Bürger, für einen vereinfachten Alltag in der Stadt nützliche
Onlineservices entwickelt werden können.

oder in gesprochener Sprache). In ihrer Dissertation untersucht D'Onofrio eine Erweiterung traditioneller Chatbots mit der Theorie des Rechnens mit Worten [59]. Dabei muss die Eingabeverarbeitung des Chatbots bzw. das unterliegende Computing with Words-System daraus erschließen, wonach der Benutzer sucht. Im nächsten Schritt entscheidet das System des Rechnens mit Worten über das weitere Vorgehen. Es kann z. B. Informationen aus einer Wissensdatenbank beziehen oder in einem anderen System eine Aktion auslösen. Wenn der Chatbot mehrstufige Dialoge unterstützt, so muss diese Komponente auch den Dialog verwalten. D. h. er muss sich merken, was der Benutzer in welchem Kontext bereits gesagt hat, und fehlende Informationen erfragen.

Chatbots können sehr nützlich sein, weshalb sich viele kommerzielle Unternehmen für sie interessieren. Wissensflüsse und Prozesse können sowohl innerhalb des Unternehmens als auch in der Interaktion mit dem Kunden optimiert werden [58]. Benutzer, seien es nun Mitarbeiter, Kunden oder Bürger, erhalten von Chatbots dank dem darunterliegenden Rechnen mit Worten interaktiv die gesuchten Informationen. Abb. 4.3 zeigt die vom Chatbot resp. dem Rechnen mit Worten gefundenen Daten und Informationen (Abb. 4.1) im richtigen Kontext zur richtigen Zeit auf dem richtigen Device an.

Eine zentrale Frage für Forschung und Entwicklung besteht zurzeit darin, wie die Lernfähigkeit von Chatbots auf der Basis von Erkenntnissen aus dem Bereich der künstlichen Intelligenz weiter erhöht werden kann [58]. Denkbar ist etwa die Entwicklung von anderen kognitiven oder lernenden Komponenten, wie etwa die automatische Erkennung von Emotionen eines Benutzers anhand analytischer Methoden. Ein Problem des maschinellen Lernens ist seine inhärente Ungenauigkeit und Unsicherheit, welcher mit Berücksichtigung von Teilwahrheiten und Annäherungen begegnet werden kann. Um mit den erwähnten Dialogsystemen

Abb. 4.3 Über den Chatbot vermittelte, relevante Kontextinformationen (einer Stadt)

natürlichere Interaktionen zwischen Menschen und Maschinen zu gestalten, könnten biomimetische Ansätze, die darauf zielen, natürliche Strukturen, wie etwa das menschliche Gehirn, (u. a. auch in einer höheren Granularitätsstufe der Stadt) synthetisch nachzubauen, nützlich sein [58]. Um diesem Ziel näher zu kommen, bedarf es neuer Forschungs- und Entwicklungsstrategien. Insbesondere eine über bloße Interdisziplinarität hinausgehende Transdisziplinarität, die Wirtschaft, Administration, Politik und die Gesellschaft als Ganze in den Forschungsprozess einbezieht, sowie Gestaltungsorientiertheit der Forschung, die Wissen mittels des Prozesses der Gestaltung generiert, sind hierfür zentral.[2]

4.6 Lessons Learned

Um Computing with Words-Systeme in der Praxis auszuprobieren, stellten wir anhand eines Use Case in der Smart City Überlegungen zu urbaner kollektiver Intelligenz an, die sich aus dem Zusammenspiel von städtischen Stakeholdern (Bürger, öffentliche Hand und Politik) mit dem Internet und Kommunikationssystemen (bzw. der entstehenden städtischen künstlichen Intelligenz) an:

- Als kollektive Intelligenz wird das emergente Phänomen von Gruppen, durch Zusammenarbeit intelligente Entscheidungen treffen zu können (unabhängig von der Intelligenz der einzelnen Gruppenmitglieder) bezeichnet. Hier bezogen wir uns auf das Phänomen der Bildung einer urbanen Intelligenz. In unserem Verständnis umfasst dabei kollektive urbane Intelligenz biologische wie auch künstliche Intelligenzen, was von der Lern- und Kognitionstheorie des Konnektivismus gestützt wird.
- Konnektivismus ist eine Lern- und Kognitionstheorie, die anders als bestehende Theorien den Menschen nicht als isoliertes, sondern als vernetztes Individuum sieht. So entsteht beim Lernen ein Netzwerk, sowohl zu anderen Menschen als auch zu nicht-menschlichen Quellen (z. B. zu künstlicher

---

[2]Dies ist der Forschungsschwerpunkt des Human-IST Instituts (http://human-ist.unifr. ch/) der Universität Fribourg (Schweiz). Im engen Austausch mit dem Forschungszentrum FMsquare (http://fmsquare.org/), das sich der Anwendung unscharfer Methoden auf betriebswirtschaftliche, politische, staatliche sowie gesellschaftliche Herausforderungen verschrieb, erforscht das Institut menschzentrierte Interaktionen, Fuzzy-Logik- sowie Computing with Words-basierte Informationssysteme.

Intelligenz). Dieses Netzwerk ist maßgeblich für das Lernen, da der Mensch (bzw. der Bürger einer Stadt) jederzeit darauf zugreifen kann.

- Auf der Theorie des Rechnens mit Worten basierte Frage-Antwort-Systeme erlauben dem Bürger auf Basis der urbanen kollektiven Intelligenz zu lernen und dadurch nachhaltigere Antworten zu finden. Frage-Antwort-Systeme charakterisieren eine Weiterentwicklung heutiger Suchmaschinen, die fähig sind, mit den Anforderungen aus dem Computing with Words (d. h. mit Weltwissen, Relevanz und Deduktion) umzugehen.
- Als interaktive Schnittstelle dieser Frage-Antwort-Systeme dienten uns hier Chatbots. Dies sind natürlichsprachige Dialogsysteme, die das Chatten mit unserem Frage-Antwort-System ermöglicht, das auf dem Rechnen mit Worten basiert. Ein Chatbot bietet dafür eine Texteingabe wie auch -ausgabe an, über die der Benutzer in natürlicher Sprache mit dem dahinterstehenden System kommunizieren kann.

Kollektive Intelligenz fürs Team Human 5

In einer Dokumentation des Discovery Channels aus dem Jahr 2010 erklärte der Astrophysiker Stephen Hawking: „Eine Grundregel des Universums besteht darin, dass nichts perfekt ist. Perfektion existiert einfach nicht. … Ohne Unvollkommenheit, würden weder Sie noch ich existieren." Perfektion, so der Physiker mit Blick auf den Urknall, bedeutet Stillstand, erst die Unvollkommenheit erlaubt Entwicklung. Im übertragenen Sinne kann dies nicht nur auf die Entstehung des Universums, sondern auch auf den Menschen und seine Evolution angewendet werden. Erst die Adaption an einen Mangel, an eine äußere Herausforderung, für die der Mensch in einem Moment der Unvollkommenheit zunächst nicht gerüstet war, führte bzw. führt zum nächsten Entwicklungsschritt.

Warum aber versuchen wir dann, immer exaktere, immer perfektere Maschinenwelten zu bauen? Wie wollen wir so mit einer (immer stärker) mechanisierten Realität umgehen? Die Menschheit steht vor einem Problem: Den technologischen Fortschritt zu verbieten, ist unmöglich, uns ihm völlig auszuliefern, ist nicht wünschenswert. Das Gebot der Stunde ist deshalb die Suche nach einem Mittelweg (Kap. 1). Sollten wir uns in diesem Sinne also nicht besser an natürlichen und biologischen Modellen orientieren, damit unsere Gesellschaft nicht nur effizienter, nachhaltiger und resilienter wird, sondern auch menschlich bleibt?

Um der zunehmen Komplexität unserer Gegenwart sowie Zukunft gerecht zu werden, versuchen wir, stärker als je zuvor, unsere Unvollkommenheit durch Technologien auszugleichen. Das Streben danach, unsere menschlichen Limitationen zu überwinden, ist alt. Kelly beschreibt es als Symbiose von Menschen und Maschinen, die seit Anbeginn der Menschheit besteht: Als unsere Vorfahren das erste Mal einen Stock vom Boden hoben, um damit eine Frucht von einem Baum herunterzuholen, wurde dieser Stock zu einem Mittel, um unsere Grenzen

© Springer Fachmedien Wiesbaden GmbH, ein Teil von Springer Nature 2019   49
E. Portmann, *Fuzzy Humanist, essentials*,
https://doi.org/10.1007/978-3-658-26891-6_5

zu erweitern [60]. Von nun an überwanden wir immer mehr Hürden, die uns in der Ausübung unserer Tätigkeit im Wege standen [61]. Mit dem Aufheben eines Stocks nahm also das selbstorganisierende Wunder der Entstehung von Technologien seinen Lauf, das ein Eigenleben angenommen zu haben scheint und sich heute in der digitalen Transformation äußert [60].

Der nächste große Schritt auf diesem Weg könnte die Entwicklung einer künstlichen Intelligenz sein, mit der wir unsere kognitiven Fähigkeiten erweitern. Dazu müssen wir aber Intelligenz noch besser verstehen. Der Schlüssel dazu ruht möglicherweise im Verständnis der Prinzipien (oder Codes) biologischer Intelligenz: Analog zur Luftfahrt, die nicht dadurch gelang, dass wir Vogelfedern nachbauten, sondern dadurch, dass wir die Funktion des Flügelprofils (also deren Code) verstanden, müssen wir nun unsere Gehirne entschlüsseln [62]. Vom Abakus über die Schrift bis hin zum Internet/Web – all dies entwickelte die Menschheit, um die Informationsverarbeitungs- und Kommunikationsfähigkeit ihrer biologischen Gehirne zu vergrößern. Ein Ziel ist nun, unsere Gehirne mit Formen künstlicher Intelligenzen zu einer kollektiven Intelligenz zu erweitern [53, 63].

Eine wichtige Basis hierfür ist Konnektivismus. Der Begriff taucht erstmals im ‚Mittleren Weg der Erkenntnis' von Varela et al. [64] auf, mit dem sie eine Brücke von unseren menschlichen Erfahrungen zu wissenschaftlichen Theorien schlagen wollen. Die von Siemens [55] daraus abgeleitete Theorie, die sich v. a. mit dem Lernen in der Digitalisierung auseinandersetzt, ist noch jung. Anders als frühere Lern- und Kognitionstheorien anerkennt sie uns Menschen nicht als isolierte, sondern als vernetztes Lebewesen. Mit Blick auf die Verknüpfung von Menschen mit Maschinen lautet hierbei die Frage, die u. a. auch Thomas Malone vom Massachusetts Institute of Technology umtreibt, „wie Menschen und Maschinen [damit] so verbunden werden können, dass sie – gemeinsam – intelligenter handeln, als es eine Person, Gruppe oder ein Computer je zuvor getan hat" (in [65]). Eine Antworte, in der möglicherweise auch der Gehirncode [62] ruht, lautet: Sprache.

Sprache ist das Medium, mit dem wir Menschen unserer Realität begegnen. Die Art und Weise, wie und in welchem Umfang der Mensch denkt und Ideen entwickelt, ist einzigartig und eng mit seiner in dieser Form ebenfalls einzigartigen Fähigkeit zur Sprache verbunden. Ohne Sprache können Ideen nicht artikuliert, nicht mit anderen Menschen diskutiert und nicht verbessert werden, und ohne unser Denken ist Sprache nicht möglich. In diesem Sinne ist unser menschliches Gehirn humanistisch: Es ist für die Sprache, für das Denken, für die Entwicklung von Ideen gebaut. Die Welt, in der wir leben, die Arbeit, die wir tun, ist Ausdruck unserer Sprache, des Denkens, der Ideen. Sie ist das Medium, das uns hilft, die Komplexität unserer Welt begreifbar zu machen und Sinn zu erzeugen.

Um eine Verbindung zwischen Menschen und Maschinen herzustellen, müssen
wir Maschinen die Bedeutung (Semantik) menschlicher Sprachen beibringen.
Hier kommt das sogenannte Computing with Words ins Spiel. Wie in Abb. 5.1
dargestellt, unterteilen Mendel und Rajati dessen Entwicklungen in drei Stufen:
1) die Basis- und 2) die Zwischenstufe sowie 3) fortgeschrittenes Rechnen mit
Worten [33]. Diese Stufen sind eng mit unserem Fuzzy Humanismus verbunden,
der östliche Philosophien mit westlichen Konzepten verknüpft und Sprache sowie
die in ihr ausgedrückten Wahrnehmungen als unscharfe (z. B. auf Fuzzy-Logik beruhende) Schnittstelle zwischen dem Menschen und seiner Welt versteht
(Kap. 1). Rechnen mit Worten ist eine wichtige Ausprägung unseres erläuterten
Fuzzy Humanismus, in welchem sich Mensch und Maschine jeweils gegenseitig
ergänzen, vermittelt durch Sprache als Schnittstelle dieser Kommunikation.

Die Fuzzy Set-Theorie und Logik, die Lotfi Zadeh 1965 begründete, ermöglicht mit Variablen zu rechnen, welche sich nicht in exakten Zahlen ausdrücken
lassen. Klassische Theorien harren in absoluten Begriffen, die in unseren Leben
auf unsere Wahrnehmungen, auf unser Denken sowie auf unsere Interaktionen
treffen – und damit nicht (wirklich) umgehen können. Darin bilden etwa die
„Klasse der reellen Zahlen, die viel größer sind als 1" oder „die Klasse der

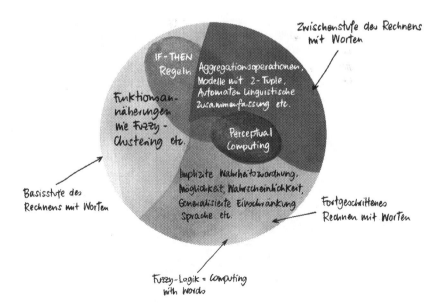

Abb. 5.1 Die drei Stufen des Rechnens mit Worten. (Angelehnt an [33])

schönen Frauen" oder „die Klasse der großen Männer" keine Mengen im Sinne der klassischen Logik, aber durchaus im Sinne unserer Alltagserfahrungen. Dies beruht darauf, dass ungenau definierte Klassen „eine wichtige Rolle im menschlichen Denken spielen, insbes. in den Bereichen Mustererkennung, Informationsübertragung und Abstraktion" [31, S. 338 f.] und Teil der menschlichen Biologie sind [66].

Anders als beim Rechnen im üblichen Sinne beschäftigt sich Rechnen mit Worten mit Elementen der natürlichen Sprache. Die Inspirationsquelle hierfür ist die Fähigkeit des Menschen und seines Gehirns auf der Basis von Informationen zu agieren, die unscharf sind, weil sie nicht exakt berechnet oder gemessen werden (können). Dies beruht auf der Fähigkeit unserer Gehirne, ungenaue, unsichere oder partielle Wahrnehmungen so zu manipulieren, dass sie Sinn machen. Rechnen mit Worten ist eine Methode, um (künftigen) Maschinen zu ermöglichen, mit Ungenauigkeit, Unsicherheit und Teilwahrheit umzugehen.

Granule und linguistische Variablen sind die Hauptelemente des Rechnens mit Worten (Zadeh 1973). Eine Granule ist eine Gruppe von Objekten, die in unserer realen Welt durch Ununterscheidbarkeit, Ähnlichkeit, Nähe oder Funktionalität zusammen vorkommen. Die Unschärfe von Granulen, ihre Eigenschaften und ihre Werte sind also vergleichbar mit der Art und Weise, wie menschliche Konzepte gebildet, organisiert und manipuliert werden [66]. Eine linguistische Variable ist eine Variable, deren Werte keine Zahlen, sondern Wörter oder Sätze einer natürlichen Sprache sind. Linguistische Variablen sind für die Organisation natürlichsprachiger Informationen notwendig [67]. Die Werte linguistischer Variablen sind naturgemäß weniger exakt als numerische, ähneln damit aber mehr der Art und Weise, wie Menschen mit Informationen umgehen. Da es in der realen Welt vorkommen kann, dass Informationen nicht präzise sind, stellen linguistische Variablen ein mächtiges Werkzeug zur Modellierung menschlichen Wissens dar [18, 27].

Computing with Words dient als der auf Granulen und linguistischen Variablen bauende Leim, der (mittels Sprache) das Team Human mit Maschinen verbindet. Diese Verbindung mündet in einer kollektiven Intelligenz (von Menschen und Maschinen; vgl. [53]), in welcher Sprache sowie die in ihr ausgedrückten Wahrnehmungen als Schnittstelle verstanden werden (Kap. 1). Dieses Intelligenzverständnis baut darauf, dass menschliches Lernen nur auf Sprachbasis möglich ist. Sprache ist die erste Sharing-App der intersubjektiven Kommunikation [3]. Aber wohin führt uns das? Laut Lanier [68], der dazu seine Idee biomimetischer Schnittstellen (Phenotropic Computing) präsentiert, basiert die Welt, wie wir sie kennen, nicht auf Einzelpunktmessungen, sondern auf Oberflächen (biologische Schnittstellen wie unsere Netzhaut nehmen bspw. mehrere Lichtpunkte auf

einmal wahr; vgl. [67]). Sich aufeinander beziehende Schnittstellen, wie Phenotropie übersetzt werden kann, verhalten sich robuster, da sie sich an der Biologie
orientieren. Die Grundidee ist, dass man auf Muster auf Oberflächen achtet, wie
es die Biologie mittels Pattern Recognition (dt. Mustererkennung) tut [67].
Die Phenotropie agiert in einer nicht perfekten Welt der Annäherung sowie
Approximation (vgl. Wabi-Sabi). Mit heutigen Informationssystemen neigen wir
aber (noch) zu Alles-oder-Nichts-Entscheidungen, die in kleinen Systemen mit
wenig Codezeilen noch eingehalten werden können. Die von Lanier [68] vorgeschlagene Mustererkennung geht hingegen von ständiger Existenz von (kleinen) Fehlern aus, die man am besten mittels Biomimetik adressiert. Er glaubt,
dass heutige Schnittstellen (wie Web-APIs) immer größere Schwachstellen aufweisen, die er als Brüchigkeit bezeichnet [68], was soviel bedeutet, als dass ein
System bricht, bevor es sich verbiegt (es folgt nicht Wu-Wei). Beispiele aus der
Biologie zeigen, dass softe Systeme (wie Menschen) mit Feedbackschleifen
gekoppelt sind, die ihre Genauigkeit und Zuverlässigkeit über die Zeit verbessern
(sie verhalten sich wie Ying und Yang).

Lanier fragt sich deshalb, wie es wohl wäre, Systeme aus Modulen zu bauen,
die nicht wie bestehende, harte Modelle unter einem Protokollausfall leiden
[68]. Aktuelle Schnittstellen versuchen (noch) viel zu stark, unscharfe in scharfe
Grenzen zu überführen. Eine Vorgehensweise, die mit immer größeren Herausforderungen (z. B. Systemabstürze und -inkonsistenz) aufwartet. Seine Antwort
ist, dass alle Komponenten der Systeme miteinander verbunden werden, indem
sie sich gegenseitig als Muster erkennen und interpretieren. Dies geschieht etwa
durch Imitation von Prozessen unseres Gehirns [67]: Im visuellen System reagie-
ren unsere Nervenzellen bspw. auf gewisse Formen, Farben und Bewegungen.
Bewegt sich ein roter Ball von links nach rechts, so erkennt die Retina im
Zusammenspiel mit den zugehörigen Neuronen ‚etwas Rotes‘, ‚etwas Rundes‘
und ‚eine Bewegung von links nach rechts‘.

Um solche Prozesse nachzubauen, schlägt Lanier vor, (große) Systeme mit
unscharfen Musterklassifizierung als Programmierschnittstellen zu bauen, bei
denen sich die Module der Systeme gegenseitig beobachten, sich zuhören und
aufrufen, sobald sie die entsprechenden Trigger-Zeichen ineinander erkennen
[68]. Dies folgt Zadeh [69], der die Unschärfe unserer menschlichen Kognition
betont, obwohl dies in der (binären) Wissenschaft immer noch eher die Norm als
die Ausnahme ist. Aus diesem Grund besteht die von Lanier [68] vorgeschlagene
Systemarchitektur noch aus einfachen Modulen (z. B. Pattern Recognition), die
mit traditionellen Technologien hergestellt werden können, und Benutzerober-
flächen, die entweder von anderen Maschinen (bzw. deren Modulen) oder von
Menschen bedient werden können.

Um solche Architekturen zu bauen, sollten wir dem Neurologen von der Malsburg folgen [67]. Seine Biomimetik fließt in elektronische Organismen und in eine
Wissenschaft der Organisation: Heute versuchen Informatiker mittels Soft Computing (vgl. [12]) biologische Prozesse des Gehirns zu verstehen und synthetisch
nachzubauen. Dabei hebt Zadeh [69] den Beitrag der Fuzzy-Logik als „Grundlage
für einen tief greifenden Wandel vom Binärismus zum Pluralismus, von Schwarz-
Weiß zu Grautönen" hervor (S. 18). Seine Logik sowie das daraus gewachsene
Computing with Words (als natürlichsprachige Schnittstellen) sind hier eng mit
diesen Methoden verbunden. Das auf Mustererkennung basierte Rechnen mit
Worten kennzeichnet eine mögliche Schnittstelle künftiger künstlicher Intelligenz. Soft Computing kann darin als eine Art biomimetisches Betriebssystem für
die Maschinen verstanden werden, mit Computing with Words als ihre humanistischen Schnittstellen zu uns Menschen. Ihre Erstellung wird uns, wohl auf der
konnektivistischen Lern- und Kognitionstheorie von Siemens [55] bauend, eine
kollektive Intelligenz von Menschen und Maschinen ermöglichen [53].

Was Sie aus diesem *essential* mitnehmen können

- Den Zusammenhang zwischen Fuzzy-Logik und dem Rechnen mit Worten
- Den Unterschied zwischen heutigen Suchmaschinen sowie zukünftigen Frage-Antwort-Systemen
- Das Rechnen mit Worten als Grundlage einer Mensch-Maschine-Symbiose, die in kollektiver (urbaner) Intelligenz mündet
- Wie Computing with Words zur Schaffung von kollektiver Intelligenz beitragen kann.

© Springer Fachmedien Wiesbaden GmbH, ein Teil von Springer Nature 2019   55
E. Portmann, *Fuzzy Humanist,* essentials,
https://doi.org/10.1007/978-3-658-26891-6

Literatur

1. Hawking, S., Russell, S., Tegmark, M., & Wilszek, F. (2014). Transcendence looks at the implications of artificial intelligence – But are we taking AI seriously enough? https://www.independent.co.uk/news/science/stephen-hawking-transcendence-looks-at-the-implications-of-artificial-intelligence-but-are-we-taking-9313474.html.
2. Rushkoff, D. (2019). *Team human*. New York: Norton & Company.
3. Pinker, S. (2018). *Enlightenment now: The case for reason, science, humanism, and progress*. New York: Viking.
4. Landfester, M. (2006). Aufklärung. In H. Cancik, H. Schneider, & M. Landfester (Hrsg.), *Der Neue Pauly*. https://doi.org/10.1163/1574-9347_dnp_e1303790.
5. Schneiders, W. (2014). *Das Zeitalter der Aufklärung* (5. Aufl.). München: Beck.
6. Kant, I. (1784). Was ist Aufklärung. *Berlinische Monatsschrift, 1784*, 481–494.
7. Tschopp, S. S., Walther, G., Steinle, F., Beutel, A., Kanz, R., & Schmidt, M. (2015). Aufklärung. *Enzyklopädie der Neuzeit Online*. https://doi.org/10.1163/2352-0248_edn_a0283000.
8. Hume, D. (1738–1740). *A treatise of human nature*. Oxford: Oxford University Press.
9. Wilhelm, R. (2017). *I Ging: Das Buch der Wandlungen*. Hamburg: Nikol.
10. Liu, T. (2019). Aristotle's binary philosophies created today's AI bias. https://qz.com/1515889/aristotles-binary-philosophies-created-todays-ai-bias/.
11. Kosko, B. (1994). *Fuzzy thinking: The new science of fuzzy logic*. London: Flamingo.
12. Portmann, E., & Meier, A. (2019). *Fuzzy leadership*. Switzerland: Springer Nature.
13. Sparrer, I. (2014). *Wunder, Lösung und System: Lösungsfokussierte Systemische Strukturaufstellungen für Therapie und Organisationsberatung*. Heidelberg: Carl-Auer.
14. Koren, L. (2007). *Wabi-sabi für Künstler, Architekten und Designer: Japans Philosophie der Bescheidenheit*. Tübingen: Wasmuth.
15. Portmann, E. (2013). *The FORA framework: A fuzzy grassroots ontology for online reputation management*. Berlin: Springer.
16. Liedl, R., Ottmer, E., & Cap, C. (2017). Man sollte schweigen! Interkulturelle Naturphilosophie. http://aux.uibk.ac.at/c70203/Pluralismus.pdf.
17. Zadeh, L. A. (2008). Is there a need for fuzzy logic? *Information Sciences, 178*, 2751–2779.

© Springer Fachmedien Wiesbaden GmbH, ein Teil von Springer Nature 2019   57
E. Portmann, *Fuzzy Humanist*, essentials,
https://doi.org/10.1007/978-3-658-26891-6

18. Zadeh, L. A. (1973). Outline of a new approach to the analysis of complex systems and decision processes. *IEEE Transactions on Systems, Man, and Cybernetics, 1,* 28–44.
19. Zadeh, L. A. (1971). Towards a theory of fuzzy systems. In R. E. Kalman & R. N. De Claris (Hrsg.), *Aspects of theory and systems* (S. 469–490). New York: Holt, Rinehart & Winston.
20. Portmann, E., & Riesch, D. (2017). Was ist „Wirtschaftsinformatik in Action"? Eine Wegleitung zu den folgenden Kapiteln. In E. Portmann (Hrsg.), *Wirtschaftsinformatik in Theorie und Praxis: Festschrift zu Ehren von Prof. Dr. Andreas Meier.* Berlin: Springer.
21. Zadeh, L. A. (1982). Fuzzy systems theory: A framework for the analysis of humanistic systems. In R. Cavallo (Hrsg.), *Systems methodology in social science research. Frontiers in systems research.* Hague: Boston.
22. Walther, G. (2014). Humanismus. *Enzyklopädie der Neuzeit Online.* https://doi.org/10.1163/2352-0248_edn_a1756000.
23. Walther, G. (2014). Neuhumanismus. *Enzyklopädie der Neuzeit Online.* https://doi.org/10.1163/2352-0248_edn_a2979000.
24. Baab, F. (2013). *Was ist Humanismus? Geschichte des Begriffes, Gegenkonzepte, säkulare Humanismen heute.* Salzburg: Pustet.
25. Nida-Rümelin, J. (2006). *Humanismus als Leitkultur.* München: Beck.
26. Zadeh, L. A. (2012). *Computing with words: Principal concepts and ideas.* Berlin: Springer.
27. Zadeh, L. A. (1996). Fuzzy logic = computing with words. *IEEE Transactions on Fuzzy Systems, 2,* 103–111.
28. Rapaport, W. J. (2003). What did you mean by that? Misunderstanding, negotiation, and syntactic semantics. *Minds and Machines, 13,* 397–427.
29. Seising, R. (2007). *The fuzzification of systems: The genesis of fuzzy set theory and its initial applications – Developments up to the 1970s.* Berlin: Springer.
30. D'Onofrio, S., & Portmann, E. (2015). Von Fuzzy-Sets zu Computing-with-Words. *Informatik Spektrum, 38,* 543–549.
31. Zadeh, L. A. (1965). Fuzzy sets. *Information and Control, 8,* 338–353.
32. Meier, A., & Portmann, E. (2019). *Fuzzy management.* Switzerland: Springer Nature.
33. Mendel, J. M., & Rajati, M. R. (2015). Advanced computing with words: Status and challenges. *Studies in Fuzziness and Soft Computing, 11,* 144–147.
34. Mendel, J. M., & Wu, D. (2010). *Perceptual computing: Aiding people in making subjective judgements.* New York: Wiley.
35. Zadeh, L. A. (1999). From computing with numbers to computing with words – From manipulation of measurements to manipulation of perceptions. *IEEE Transactions on Circuits and Systems, 45,* 105–119.
36. Pedrycz, W. (2018). *Granular computing: Analysis and design of intelligent systems.* Boca Raton: CRC Press.
37. Zadeh, L. A. (1975). The concept of a linguistic variable and its application to approximate reasoning, Part I: *Information Sciences, 8,* 199–249; Part II: *Information Sciences, 8,* 3010–357; Part III: *Information Sciences, 9,* 43–80.
38. Mendel, J. M. (2001). *Uncertain rule-based fuzzy logic systems: Introduction and new directions.* Upper Saddle River: Prentice-Hall.

39. Mendel, J. M., Zadeh, L. A., Trillas, E., Yager, R., Lawry, J., Hagras, H., Guadarrama, S. (2010). What computing with words means to me. *IEEE Computational Intelligence Magazine, 5,* 20–26.
40. Hudec, M. (2016). *Fuzziness in information systems: How to deal with crisp and fuzzy data in selection, classification, and summarization.* Switzerland: Springer Nature.
41. Zadeh, L. A. (2006). Generalized theory of uncertainty (GTU) – Principal concepts and ideas. *Computational Statistics and Data Analysis, 51,* 15–46.
42. Simon, H. A. (1969). *The sciences of the artificial.* Cambridge: MIT Press.
43. Kaufmann, M., & Portmann, E. (2017). Synthetische Modellierung von Informationssystemen: Versuch einer Modellierung der Erkenntnispraxis mit Informationssystemen. In E. Portmann (Hrsg.), *Wirtschaftsinformatik in Theorie und Praxis: Festschrift zu Ehren von Prof. Dr. Andreas Meier.* Berlin: Springer.
44. Pfeifer, R., & Bongard, J. (2007). *How the body shapes the way we think: A new view of intelligence.* Cambridge: MIT Press.
45. Meier, A., & Portmann, E. (Hrsg.). (2016). *Smart city – Strategie, governance und projekte.* Berlin: Springer.
46. Zadeh, L. A. (1997). Toward a theory of fuzzy information granulation and its centrality in human reasoning and fuzzy logic. *Fuzzy Sets and Systems, 90,* 111–127.
47. Zadeh, L. A. (2005). From search engines to question-answering systems – The role of fuzzy logic. *Progress in Informatics, 1,* 1–3.
48. Denzler, A., Wehrle, M., & Meier, A. (2015). Building a granular knowledge cube. *International Journal of Mathematical, Computational and Computer Engineering, 9,* 334–340.
49. Zadeh, L. A. (1998). Some reflections on soft computing, granular computing and their roles in the conception, design and utilization of information/intelligent systems. *Soft Computing, 2,* 23–25.
50. Meier, A., & Kaufmann, M. (2016). *SQL- und NoSQL-Datenbanken.* Switzerland: Springer Nature.
51. Herrera, F., & Martínez, L. (2000). A 2-tuple fuzzy linguistic representation model for computing with words. *IEEE Transactions On Fuzzy Systems, 8,* 746–752.
52. Portmann, E. (2018). Wozu ist Soft Computing nützlich? Reflexionen anhand der Smart-City-Forschung. In A. Meier & R. Seising (Hrsg.), *Vague information processing* (S. 496–509). Switzerland: Springer Nature.
53. Malone, T. W. (2018). *Superminds: The surprising power of people and computers thinking together.* London: Oneworld Publications.
54. Portmann, E. (2017). Extending Human Minds mit Konnektivismus. https://swisscognitive.ch/wp/wp-content/uploads/2017/03/270217_SwissCognitive_News_Portmann.pdf.
55. Siemens, G. (2006). *Knowing knowledge.* New York: Lulu.com.
56. Wachter, K. (2019). Wie majaAI die Zukunft von Agenturen beeinflusst. https://maja.ai/blog/ki-technologie-sucht-starke-und-verlaessliche-implementierungs-und-vertrieb-spartner-5.
57. Zadeh, L. A. (2006). From search engines to question answering systems – The problem of world knowledge, relevance, deduction and precisiation. In E. Sanchez (Hrsg.), *Fuzzy logic and the semantic web* (S. 163–210). Amsterdam: Elsevier.
58. Stucki, T., D'Onofrio, S., & Portmann, E. (2019). *Chatbots gestalten – Praxisbeispiele der Schweizerischen Post.* Switzerland: Springer Nature.

59. D'Onofrio, S. (2019). *From simple question-answering systems to intelligent chatbots: The use of computing with words to smartify web-based customer applications*. PhD Thesis, University of Fribourg, Switzerland (in Vorbereitung).
60. Kelly, K. (2011). *What technology wants*. London: Penguin.
61. Serres, M. (2013). *Erfindet euch neu! Eine Liebeserklärung an die vernetzte Generation*. Frankfurt a. M.: Suhrkamp.
62. Colombo, M., Portmann, E., & Kaufmann, P. (2019). Artificial intelligence: The mindfire foundation and other initiatives. In E. Portmann & S. D'Onofrio (Hrsg.), *Cognitive Computing. Edition Informatik Spektrum* (in Vorbereitung).
63. Kelly, K. (2017). *The inevitable: Understanding the 12 technological forces that will shape our future*. London: Penguin.
64. Varela, F. J., Thompson, E., & Rosch, E. (1995). *Der Mittlere Weg der Erkenntnis*. München: Goldmann.
65. Portmann, E., & Finger, M. (2015). Smart Cities – Ein Überblick! *HMD Praxis der Wirtschaftsinformatik, 52,* 470–481.
66. Hobbs, J. R. (1985). Granularity. In Proceedings of International Joint Conference on Artificial Intelligence (IJCAI), Los Angeles, CA, S. 432–435.
67. Von der Malsburg, C. (2002). Zelle, Gehirn, Computer, und was sie sich zu erzählen haben. In: *Festvortrag zur Verleihung der Ehrenbürgerwürde der Ruhr-Universität Bochum an Manfred Eigen*.
68. Lanier, J. (2003). Why gordian software has convinced me to believe in the reality of cats and apples. https://www.edge.org/conversation/why-gordian-software-has-convinced-me-to-believe-in-the-reality-of-cats-and-apples.
69. Zadeh, L. A. (2015). Fuzzy logic – A personal perspective. *Fuzzy Sets and Systems, 281,* 4–20.

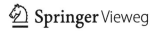

}essentials{

Andreas Meier · Edy Portmann

Fuzzy Management

Trilogie Teil II: Einsatz der unscharfen
Logik für Business Intelligence

Jetzt im Springer-Shop bestellen:
springer.com/978-3-658-26035-4

Printed in the United States
By Bookmasters